U0502007

◆ 国家社科基金项目：自治州行政体制改革研究（13BMZ014）

◆ 湖北民族学院民族社会发展学科群研究成果，武陵山民族文化与旅游产业发展湖北省协同创新中心资助出版

文化多样性与地方治理丛书·总主编 戴小明

中国区域合作中
地方利益协调机制研究

——兼析武陵山片区龙凤经济示范区的利益协调

冉艳辉 郑洲蓉 著

中国社会科学出版社

图书在版编目（CIP）数据

中国区域合作中地方利益协调机制研究：兼析武陵山片区龙凤经济示范区的利益协调/冉艳辉，郑洲蓉著.—北京：中国社会科学出版社，2017.6

ISBN 978 – 7 – 5161 – 9787 – 5

Ⅰ.①中… Ⅱ.①冉…②郑… Ⅲ.①区域经济—经济利益—协调—研究—中国 Ⅳ.①F127

中国版本图书馆 CIP 数据核字(2017)第 018708 号

出 版 人	赵剑英
责任编辑	孔继萍
责任校对	王佳玉
责任印制	李寡寡

出　　版	中国社会科学出版社
社　　址	北京鼓楼西大街甲 158 号
邮　　编	100720
网　　址	http://www.csspw.cn
发 行 部	010 – 84083685
门 市 部	010 – 84029450
经　　销	新华书店及其他书店

印刷装订	北京市兴怀印刷厂
版　　次	2017 年 6 月第 1 版
印　　次	2017 年 6 月第 1 次印刷

开　　本	710 × 1000　1/16
印　　张	12.25
插　　页	2
字　　数	208 千字
定　　价	56.00 元

凡购买中国社会科学出版社图书,如有质量问题请与本社营销中心联系调换
电话:010 – 84083683

总　序

　　湖北民族学院地处鄂、渝、湘、黔四省（市）毗邻的武陵山片区腹地——恩施土家族苗族自治州，长期以来，学校始终牢记"面向少数民族和民族地区，为少数民族、民族地区和国家战略服务"的办学宗旨，坚持"立足湖北、面向西部、服务基层、辐射全国"的办学定位。近年来，依托民族地区、武陵山区，哲学社会科学专业建设、学科发展充分发挥省级科研平台湖北省人文社会科学重点研究基地——南方少数民族研究中心的团队凝聚和辐射功能，以"大民族学"的视域来开展科学研究、构建优势学科体系、凝练特色学科方向，保持和加强在"一州"（恩施自治州）、"一区"（武陵山片区）、"一族"（土家族）研究领域的独特优势，努力在民族文化保护与传承、生物多样性与生态安全、区域经济发展与环境保护、鄂西生态旅游圈建设，以及民族区域治理等领域产生具有重大影响的理论成果，占领学术研究的高地。

　　在湖北省高等学校创新能力提升计划（简称"2011计划"）的支持下，呈现在广大读者面前的这套《文化多样性与地方治理丛书》，是一个大型的跨学科协同研究项目，涉及文化学、历史学、民族学、政治学、法学、经济学、管理学等学科领域。该项目的目的不仅在于展示湖北民族学院及"2011计划"协同单位学者相关研究的最新成果，更在于激励具有创新精神的年轻学者脱颖而出。丛书的研究内容既有对地方治理政策框架的宏观讨论，也有对民族地方具体政策法规的微观分析，还有对社会文化变迁的细致考察，从丛书的选题和研究内容来看，它们本身就带有文化多样性的特点。丛书的作者都是接受过系统专业学习和学术训练的博士，既有在学界崭露头角的中青年专家，也有初出茅庐的青年才俊，虽然有的著作可能还略显稚嫩，但都显示出了每一位研究者良好的创新能力和较为扎实的学术功底。

一方山水养育一方人，有什么样的风土，就有什么样的人文；有什么样的文化，就有什么样的地方风貌。地方政府是国家政治制度的重要组成部分，不了解前者，就不可能了解后者。每一个国家只有一个中央政府，却有多个地方政府。地方政府与民众的日常生活更为息息相关，与多样性的地理和社会生态环境的联系更为密切。地方政府的重要性，不仅源于与它有关的政治和政治家们，源于在地方这一级所提供的服务的数量，而且还源于它在增进民主和个人自由方面所做的哲理和道德上的贡献。① 现代治理是德治与法治的结合、道德治理与法律治理的统一，更是文化认同、文化共识之上的规则之治、宪政之治。多民族的统一中国疆域辽阔，地域差别，民族不同，文化多样，历史和现实昭示我们：政府施政不能脱离民族的文化传统，相应的人文环境，只有尊重传统性，包容多样性，关注民族性，才能因地制宜，实现有效治理，达致善治。我国正处在社会转型期，我们期待《文化多样性与地方治理丛书》的出版，能对推动地方治理，特别是民族区域治理能力和水平的提升有所裨益。

值此《文化多样性与地方治理丛书》付梓之际，我们谨向所有对组编工作给予关注、支持和帮助的相关专家，特别是中国社会科学出版社及其编辑者所付出的努力致以衷心的感谢！

戴小明

2013 年 10 月 8 日

---

① 参见〔以〕柴姆·卡西姆《民主制中的以色列地方权力》，余斌、王荣花译，北京大学出版社 2005 年版，第 1、3 页。

摘　要

　　随着经济增长方式的转变和国家对区域间协调发展的重视，各类超越省、市、县等原有行政区划界线的合作区域蓬勃发展起来。在传统法治理念指导下、以行政区为基础建立起来的利益协调机制无法调整跨行政区域的利益纠纷。在依宪治国的大背景下，区域法治理论的构建、区域合作规则体系的完善、区域利益协调组织的建立等，是区域合作发展进程中需要面对的问题。本书将系统地研究区域合作过程中法律协调之理论基础、规则体系以及协作组织等问题，并以武陵山片区龙山来凤经济协作示范区为例，总结区域法治的现有经验、探寻未来的发展路径。

　　首先，本书对"区域"以及地方利益冲突的类型进行了探讨。经济区与行政区的冲突是区域之间开展合作的前提，区域发展目标主要包括两个方面：一是区域经济的协作发展，自由大市场形成，资源配置实现最优化；二是区域内公共事务的协作治理，提高公共事务的解决效率。地方利益是一个群体性概念，实践中通常由地方政府作为地方利益的代言人。从地方利益冲突的成因上看，可以分为主观和客观两方面因素。区域内合作各方无法摆脱传统的行政区域治理模式的影响，是导致地方利益冲突的主观因素。区域内合作各方经济发展水平、历史文化传统、自然地理环境等因素，是导致地方利益冲突的客观因素。区域行政规划、区域行政指导、区域行政协议、区域协作立法等构成区域合作中地方利益协调的主要规则体系。实践中某些合作区域的组织机构一体化存在对现有法律框架突破的情形，还需要进一步寻求合宪性、合法性依据。

　　其次，本书讨论了区域合作中地方利益协调机制的理论基础。我国经济一体化区域的法治建设与其他区域的法治建设有着共同的前提，都要在现行宪法所确立的国家结构形式、中央与地方关系的框架之下构建区域合作秩序。当然，由于区域发展目标、功能、性质不同，经济一体化区域与其他区域法治建设也存在差异。人民主权原则决定了区域合作各方的人民代表大会应当成为区域合作过程中的利益协商之所、区域合作过程的监督者。权力分工与制约原则在区域合作过程中体现于两个方面：区域合作过程中的权力的横向划分问题——政府与人大的权力划分；区域合作过程中权力的纵向划分问题——中央与地方的权力划分。基本人权原则在区域合作过程中涉及资源的稀缺性与人权保护的限度、所有权产生或变化与私有财产权的保护、自由大市场的形成与人权保护、区域公共政策制定与公民的参与权等问题。在法治原则中，宪法为区域合作规则体系是否良法的根本判断标准。具体说来，区域法治不能仅仅依靠国家法和国家强制力建构合作秩序，还应当重视民间的自生秩序和实践中能够有效规范人们行为但是又没有国家强制力的规则，创建各具特色又适用于本地方的区域合作模式。区域合作过程中地方利益协调的原则包括两个层面：一是规范地方政府治理行为的原则，即合理划定政府权力与自由市场的界限原则与合理运用政府权力实现公共事务的有效治理原则；二是规范地方政府之间合作的原则，即区域平等原则、自愿协商原则和权责一致原则。

再次，本书探讨了我国区域合作中地方利益协调的规则体系。第一，区域规划。在制定依据上，区域行政规划在法律保留上应适用较为宽松的保留密度，其编制和制定并不必然需要行为法上的依据。因此，即使没有行为法上的依据，也不能简单地认定为违法。在行为属性上，区域规划属于抽象行政行为，至于属于内部行政行为还是外部行政行为，需要具体情况具体分析。作为内部行政行为，区域规划在行政系统内部发挥重要作用。它们依靠行政机关上下级之间的关系，得以层层落实；作为外部行政行为，在区域合作法治化的背景下，区域规划的制定过程要遵循法律保留原则，实施过程服从依法行政原则。第二，区域行政协议。区域行政协议可以从公法契约的角度进行阐释，也可以从行政规范性文件的角度进行阐释，不过作为公法契约和行政规范性文件的行政协议在法律依据、效力、救济机制等方面存在很大差别。为更好地解决区域行政协议履行过程中出现的纠纷，在订立行政协议的过程中尽可能写明争议解决方式，便于合作各方政府按照公法契约的方式，协商解决问题，实在达不成共识，再参照规范性文件的批准程序，向共同的上级人民政府申请裁决。第三，区域协作立法。区域内地方立法合作包括地方政府之间合作制定行政规章、地方人民代表大会及其常务委员会之间合作制定地方性法规以及不同民族自治地方人大及其常委会之间合作制定单行条例。当前我国区域合作实践中的立法合作属于协作立法和同步立法。从立法主体上说，是由合作各方人民政府或者人民代表大会及常委会进行立法；从立法的表现形式上说，制定的是地方政府规章或地方性法规（民族自治地方可以协作制定单行条例）；从立法的程序上说，由合作各方之间建立起立法联席会议协商，然后按照地方政府规章和地方性法规的制定程序进行立法；从立法的适用范围上说，合作各方分别通过的地方政府规章或者地方性法规也只适用于本行政区域内。并没有突破现有的立法体系。

复次，本书探讨了我国区域合作中地方利益协调的组织体系。在区域合作过程中，如果经济区域与行政区域在一定程度上重合，行政区的组织机构可以起到地方利益协调的作用。如果经济区域与行政区域并不重合，其利益协调组织体系所面临的问题就要复杂得多。从目前的区域合作实践来看，主要是地方的行政、立法、司法部门之间组成的合作组织，有管理委员会这种正式合作机构，也有联席会议这样制度化程度相对较低的合作组织。从域外的经验看，欧洲法院在冲突解决过程中的审查标准和欧盟各机构的立法协调经验可在一定程度上为我国借鉴。结合我国的实际，建立跨区域的机构目前没有宪法和法律上的依据，但是美国对于州际协定纠纷的诉讼、仲裁和调解途径可以借鉴。同为单一制国家，法国积极发挥中央在区域合作中的经验值得我国借鉴。当前我国区域合作中的行政协作、立法协作、司法协作日渐频繁起来，但是如果要走组织机构一体化的道路，在当前宪法框架下是障碍重重。在区域协作过程中，用行为机制替代组织结构的功能，才是避开组织机构一体化将会遭遇的合法性困境的可行之策。

最后，本书对武陵山龙凤经济协作示范区地方利益协调机制进行了探讨。龙凤示范区这样的少数民族经济协作区，属于国家扶贫开发协作区，市场体系极不完善，政府这只"看得见的手"在资源的配置中起到重要作用。同时，龙凤示范区又属于民族自治地方，在区域合作过程中，涉及行政区划调整、区域立法权的行使时都存在特殊性。协作双方过于"同质化"，合作动力不足，利益争夺频繁。协作措施容易触及我国的民族区域自治制度。从地方利益协调机制上看，既包括上级政府对武陵山龙凤示范区的利益协调机制，又包括龙凤示范区内部的利益协调机制；龙凤示范区内部的利益协调机制又包括县级政府、乡级政府和村与村之间的利益协调机制。对于龙凤示范区当前存在的过分依赖行政权威推进区域合作的想法，本书认为缺乏可行性：第一，行政区划的变动在现实中比较困难。第二，实现省级直管有削弱民族自治地方自治权的嫌疑。第三，完全依靠国家支持有违区域合作的目的。第四，区域合作真正的发展动力应当来自于合作地区本身。武陵山片区龙山来凤经济协作示范区还存在县城之外的乡镇、村寨之间的非正式合作方式，这些合作方式对完善区域合作机制、探讨民间法与国家法之间的良性互动有着重要意义。要进一步完善地方利益协调机制，还需要考虑大力培育市场机制、规范地方政府行为以及合理运用民族区域自治权。《酉水河保护条例》的制定是区域立法合作的一次成功探索，同时也揭示出区域立法合作进一步发展过程中将会面临的问题。

关键词：区域；合作；规则；组织；宪法框架

Abstract

With the mode of economic growth changed and more attention paid by the government to regional cooperation, various kinds of cooperative regions are booming beyond the original administrative boundaries. The interest coordination mechanism under the traditional concept of rule of law and on the basis of administrative regions is unable to adjust the disputes arise from across-administrative regions. Under the view of governing the country by the Constitution, the problems which are faced with in the process of regional cooperation includes constructing the theoretical basis of legal system of cooperative regions, completing the rules of legal system of cooperative regions and establishing the organizations for regional interest coordination. The theoretical basis, rule systems and cooperative organizations will be discussed in this thesis. Longshan and Laifeng County in Wuling Mountain which is one of the demonstration areas of economic cooperation in China will be an example for exploring the present experience and future path of the regional cooperation.

Firstly, the mode of regions and conflicts of local interests have been discussed in the thesis. The conflicts between economic regions and administrative regions are the premise of regional cooperation. And two goals are involved in regional development. One is the development of the regional economy, establishment of free market and optimization of resource allocation. The other is cooperative governance of public affairs and solving the public affairs more efficiently. Local interest is a group concept and the local government always acts as the representative of the local interest. As to the cause of the local interest, there are both subjective and objective factors involved. The local governments of cooperative region have failed to get rid of the influence of the governance mode of traditional administrative regions, which is the objective factor giving rise to conflicts of local interests. And the subjective factors include the level of economical development, historical and cultural tradition, physical and geographical environment etc. Regional administrative planning, regional administrative guidance, regional administrative agreement and regional cooperative legislation constitute the main rule systems of regional cooperation. The constitutionality and legality of the measures by which the organizations integrated in the process of regional cooperation should be discussed and some of them have broken through the present legal framework.

Secondly, theoretic basis of the local interests' coordination mechanism has been discussed in the thesis. The common premise of state structure and central-local relations which stipulated by the Constitution should be followed by both the integrated and other regions. Absolutely the integrated and other regions are much different according to the goals, functions and characters of them. The people's congress should be the place where interests of all parties in the integrated region are negotiated and allocated and the process of cooperation is supervised according to the principle of people's sovereignty. The principle of the division and restriction of power has been divided into two aspects. One is the horizontal division of power which is between the government and the people's congress. And the other is the vertical division of power which is between the central and local governments. The principle of basic human rights have included scarcity of sources and the limits of the protection of human rights, change of ownership and the protection of private property, establishment of free market and the protection of human rights, formulation of public policy and the participation rights of citizen etc. The principle of rule of law means that the constitution is the fundamental standard to judge whether the legal system of the cooperative region is good or not. In particular, the order of cooperation should be constructed not only by the law and force of the state but also by the self-ordered rules in the society. The principle of local interest coordination includes two aspects. One is the principle of regulating the behavior of local government's governance, which involving reasonable boundary between the power of the government and free market. The other is the principle of equality, negociation and responsibility.

Thirdly, the system of rules for the local interests' coordination has been discussed in the thesis. First of all, the basis and character of the regional planning will be analyzed. Formulation of the regional planning is unnecessarily under the special entitlement in law according to the principle of legal reservation. As to the character of the regional planning, whether it belongs to the abstract administrative act or specific administrative act depends on concrete conditions. As an abstract administrative act, the regional planning plays an important role in the administrative system, which has been put into practice owing to the relationship among the upper and lower authorities. As a specific administrative act, the process of formulation of the regional planning should follow the principle of legal reservation and the process of implementation should abide by the principle of administration by law. Moreover, regional administration agreement can be explained not only by the character of public contract but also the character of administrative rule. But the public contract and administrative rule are much different in the legal basis, effect and remedy mechanism. Resolutions to disputes should be written clearly in the administrative agreement in order to resolve the disputes during the performance of the agreement. The verdict of the upper government could be applied if the lower governments cannot reach the consensus according to the approval procedure of normative documents. Finally, cooperative legislation includes cooperative administrative rules between local governments, local legislations between the people's congress and its executive committee and cooperative special regulations in the minority autonomous areas. Nowadays cooperative legislation in the cooperative region in China is synchronous legislation. As to the legislative subject, it has been the local government or people's congress. As to the forms of legislation, it has been the form of administrative rules or local legislations. As to the legislative procedure, it has been the legislative procedure followed by the joint conference. As to the range of application, it has been the local areas of each party in cooperative region.

Furthermore, the organizational system of regional cooperation has been discussed in the thesis. If the administrative region and the economic region overlap in some way, organization of the administrative region can deal with the conflict of local interest. But if they do not overlap, the problem will be more complicated. The cooperative organizations are always composed by the local administrative, legislative and judicial sections. There are some formal cooperative agencies, such as the management committee. And there are some informal cooperative agencies, such as the joint conference. According to the foreign experiences, the standard of judicial review of European Court of Justice and the experience of cooperative legislation of European Union can be used as reference in China. The procedure of litigation, arbitration and mediation to the disputes of interstate compact can be used as reference in China though cross-regional institutes are beyond the Chinese constitution and other laws. As a unitary state, the central government of France plays positive role in the regional cooperation. Mechanism of behavior should take the place of the structure of organization so that the predicament of legality can be avoided in the future.

Finally, the cooperative mechanism of Longfeng demonstration area of economic cooperation in Wuling Mountain has been discussed. Longfeng demonstration area is a minority economic cooperative region and national poverty alleviation and development region. And the government plays important role in the process of allocation of resource as a visible hand because of the imperfect market system. As a minority autonomous area, both the adjustment of the administrative division and performance of the power of legislation should follow special procedures. The two parties of cooperation are so similar that they often fight for their own interests and sometime cooperative measures are even beyond the system of regional ethnic autonomy. As to the cooperative mechanism, both the mechanism of interest coordination of upper government and the mechanism of Longfeng demonstration area which includes the county, town and village are involved. This thesis suggests that Longfeng demonstration area should not depend on the administrative authority excessively and the reasons are as follows. First of all, it's very difficult to change the administrative boundary. Secondly, the right of autonomy will be weakened if Longfeng demonstration area is governed by the provincial government. Thirdly, it is contrary to the goal of regional cooperation if depend on the central government excessively. In the end, the crucial power of regional cooperation comes from the cooperative region itself. There are still some informal cooperative mechanism among the villages which are important for perfecting the cooperative mechanism and exploring the way of positive interaction between the folk law and the national law. Cultivating the mechanism of market, regulating the behavior of the local government and applicating the right of autonomy properly would contribute to the implement of the cooperative mechanism. The process of formulating the Act of Protection of Youshui River has revealed not only successful experience for legislative cooperation but also the problems confronted in the future.

Key words: Region; Cooperation; Rules; Organizations; Constitutional Framework

目　录

第一章　导论 ……………………………………………………… （1）

　第一节　区域合作中的地方利益冲突 …………………………… （1）

　　一　区域的含义 ……………………………………………… （1）

　　二　区域合作与冲突 ………………………………………… （4）

　第二节　中国区域合作中地方利益冲突的法律协调机制 ……… （13）

　　一　中国区域合作中的地方利益冲突解决机制概述 ………… （13）

　　二　当前区域合作中地方利益协调机制存在的问题 ………… （15）

　　三　在宪政视角下研究区域合作中地方利益

　　　　协调机制的意义 ……………………………………… （18）

　第三节　研究综述、研究方法及本书的研究内容 …………… （20）

　　一　研究成果综述 ………………………………………… （20）

　　二　主要研究方法 ………………………………………… （24）

　　三　主要内容 ……………………………………………… （24）

第二章　区域合作中地方利益协调机制之理论基础 …………… （29）

　第一节　区域合作中地方利益协调机制与区域法治化 ……… （29）

　　一　区域法治与法治国家 ………………………………… （29）

　　二　经济一体化区域法治化的特点 ……………………… （31）

　第二节　区域合作中地方利益协调机制之宪政基础 ………… （33）

　　一　人民主权原则的运用 ………………………………… （34）

　　二　权力分立与制约原则的运用 ………………………… （37）

　　三　基本人权原则的运用 ………………………………… （43）

　　四　法治原则的运用 ……………………………………… （46）

　第三节　区域合作中地方利益协调的基本原则 ……………… （55）

一　区域合作中地方利益协调机制基本原则的
　　分析路径 ……………………………………………（55）

二　区域合作中地方利益协调原则的主要内容 …………（58）

第三章　中国区域合作中地方利益协调的规则体系 ………（67）

第一节　区域合作中地方利益协调规则体系之
　　　　区域规划 …………………………………………（67）

一　区域规划概述 …………………………………………（67）

二　区域规划在地方利益协调规则体系中
　　发挥的作用 ……………………………………………（69）

三　区域规划在地方利益协调过程中存在的问题 ………（70）

四　区域法治化背景下对区域规划的再认识 ……………（72）

第二节　区域合作中地方利益协调规则体系之
　　　　行政协议 …………………………………………（76）

一　行政协议在区域利益协调中的作用 …………………（77）

二　行政协议作为地方利益协调方式存在的问题 ………（78）

三　区域法治化背景下对行政协议的再认识 ……………（79）

第三节　区域合作中地方利益协调规则体系之
　　　　协作立法 …………………………………………（85）

一　区域协作立法概述 ……………………………………（85）

二　区域协作立法作为地方利益协调机制
　　存在的问题 ……………………………………………（87）

三　对区域协作立法作为地方利益协调机制的
　　再认识 …………………………………………………（88）

第四章　中国区域合作中地方利益协调的组织体系 ………（95）

第一节　中国区域合作中地方利益协调组织概述 …………（95）

一　属于同一个大行政区域的地方利益协调组织 ………（95）

二　不属于同一个大行政区域的地方利益协调组织 ……（96）

第二节　域外区域合作中的利益协调组织 …………………（99）

一　几种有代表性的区域合作利益协调组织 ……………（99）

二　域外区域合作利益协调组织对我国的启示 …………（103）

第三节　中国区域合作利益协调组织的合法性检视 …………（106）

　　一　行政协作组织的合法性检视 ………………………（106）

　　二　立法协作组织的合法性检视 ………………………（108）

　　三　司法机关协作的合法性检视 ………………………（112）

　　四　组织机构一体化的合法性检视 ……………………（113）

第五章　武陵山龙凤经济协作示范区地方利益

　　　　协调机制的探索 ………………………………（115）

第一节　武陵山龙凤示范区利益协调机制概述 …………（115）

　　一　武陵山片区龙凤示范区的合作状况 ………………（116）

　　二　武陵山片区龙凤示范区利益冲突的特点 …………（116）

　　三　武陵山片区龙凤示范区地方利益协调机制 ………（119）

第二节　武陵山龙凤示范区利益协调机制之反思 ………（121）

　　一　现有区域利益协调机制在龙凤示范区的

　　　　运用与突破 ……………………………………………（121）

　　二　对行政权威过分依赖是龙凤示范区等欠发达

　　　　区域的普遍问题 ……………………………………（125）

　　三　要重视区域非正式利益协调方式的作用 …………（127）

　　四　完善龙凤示范区地方利益协调机制还需要

　　　　考虑的几个问题 ……………………………………（128）

第三节　区域协作立法的经验——《酉水河保护条例》

　　　　的探索 ………………………………………………（129）

　　一　不同宪政体制下的区域立法合作概述 ……………（130）

　　二　《酉水河保护条例》的制定背景 …………………（131）

　　三　《酉水河保护条例》的制定过程 …………………（132）

　　四　区域立法合作的经验总结——《酉水河保护条例》

　　　　制定过程的启示 ……………………………………（135）

　　五　区域立法合作的未来展望——《酉水河保护条例》

　　　　引发的思考 …………………………………………（138）

结束语 ………………………………………………………（144）

参考文献 ………………………………………………………… （146）

附录一　武陵山龙山来凤经济协作示范区历次工作
　　　　联席会议纪要 …………………………………………… （154）

附录二　龙凤示范区酉水河保护立法联席会议纪要 ……………… （166）

附录三　《恩施土家族苗族自治州酉水河保护条例
　　　　（草案）》 …………………………………………………… （171）

第一章　导论

　　随着经济增长方式的转变和国家对区域间协调发展的重视，各类经济一体化合作区域如雨后春笋般出现，如"长三角""珠三角""环渤海经济区"、武汉及周边八个城市组成的"武汉城市圈""成渝经济区"武陵山片区等经济一体化合作区域等，而且还有持续发展之趋势。区域经济一体化合作超越了省、市、县等原有的行政区划界限，形成跨行政区划合作之势。在传统法治理念指导下、以行政区为基础建立起来的利益协调机制无法调整跨行政区域的利益纠纷，区域合作过程中的利益协调问题已经引起学界的关注。区域法治理论的构建、区域合作规则体系的完善、区域利益协调组织的建立等，是法治国家在区域合作发展进程中需要面对的新问题。本书将系统地研究区域合作过程中地方利益协调的理论基础、规则体系、协作组织等问题，并以武陵山片区龙山来凤经济协作示范区为例，总结区域法治的现有经验、探寻未来的发展路径。

第一节　区域合作中的地方利益冲突

一　区域的含义

　　"区域"一词的含义，可以从地理学、经济学、管理学、政治学、法学、社会学等多个学科角度进行理解。最早将区域作为研究对象的是地理学。例如美国地理学家哈特向（R. Hartshorer）认为区域"是一个具有具体位置的地区，在某种方式上与其他地区有差别，并限于这个差别所延伸的范围之内"①。这一概念强调地区之间基于某种标准而存在的差别。

---

　　① ［美］R. 哈特向：《地理学性质的透视》，黎樵译，商务印书馆1981年版，第129—130页。

美国经济学家胡佛（E. M. Hoover）认为，"区域是基于描述、分析、管理、计划或制定政策等目的而作为一个应用型整体加以考虑的一片地区。它可以按照内部的同性质或功能一体化原则划分"①。这一概念主要强调区域的经济功能。社会学界通常将"区域"理解为"具有共同的语言、共同信仰和民族特征的人类社会群落"②。法学界对于区域的理解主要基于主权或者行政区划的角度。

对于"区域"的分类，陈瑞莲等学者认为区域包括自然地理区域、经济区域、社会区域和行政区域。"自然地理区域是基于自然资源、地理条件的同质性而自然生成的地域连续体；经济区域是由于人类社会长期的经济交往和经济联动而演化生成的'人工'区域；社会区域是基于同脉的文化渊源和坚实的社会资本而结成的人类居住群落；行政区域则是国家实施政治控制和社会管理的特定地域单元，具有鲜明的界标分野和刚性法律约束特点。"③ 王春业教授将区域分为自然区、经济区与行政区。经济区"是为实现国民经济因地制宜合理发展，对领土进行的战略性划分而形成的具有全国意义的专业化的地域生产综合体，它是在商品经济比较发达的基础上，社会生产地域分工的空间表现形式"④。一般经济区内的经济活动有某种同质性，例如发展基础和条件同一、追求共同的经济发展目标、面临着相同的经济发展障碍或问题等。自然区"是由于自然条件的空间地理分布具有一定的规律性和区域共轭性以及各自然地理成分之间的相互联系而在地球表面形成的自然地理特征具有相对一致性的单元"⑤。行政区"通常是指一个国家根据政治统治与行政管理的需要，遵循有关法律规定，综合考虑地理条件、经济联系、民族分布、人口密度、历史传统文化背景等因素，将国土划分为若干层级、不等幅员的区域，并在各个区域设置相应的政府机构，实施分级分区管理，从而形成国家治理的基本空间格局"⑥。

---

① ［美］埃德加·M. 胡佛、弗兰克·杰莱塔尼：《区域经济学导论》，王翼龙译，上海远东出版社1992年版，第239页。
② 朱荣：《法治建设与区域经济发展研究》，西南财经大学出版社2007年版，第7页。
③ 陈瑞莲等：《区域公共管理理论与实践研究》，中国社会科学出版社2008年版，第5页。
④ 王春业：《我国经济区域法制一体化研究》，人民出版社2010年版，第14—15页。
⑤ 同上书，第16页。
⑥ 同上书，第17页。

　　无论是将区域分为自然地理区域、经济区域、社会区域和行政区域，还是分为自然区、经济区和行政区，都是根据区域本身的性质和特点进行的。但是上述两种观点对经济区的理解存在明显分歧：经济区究竟是自然生成还是国家有意识进行划分的？从本质上说，经济区是由人类社会长期的经济交往形成的，但是我国几大经济区域的形成也的确具有明显的国家调控性质。早在1981年，胡乔木就撰文指出："行政结构，无论它是以部门为基础还是以地区为基础组织的，不可避免地要同供应结构、产出结构、市场结构或者其他经济活动的客观要求相矛盾。用行政划分代替自然的经济的划分不仅会中断原材料和产品的流动，导致过度的库存，有时还会切断合理的经济协作，人为地造成经济分割和封闭，妨碍商品流通和物资分配，影响正常的经济发展。"① 我国先后提出了几个有代表性的经济区域方案，例如1996年第八届全国人民代表大会第四次会议批准的《中华人民共和国国民经济和社会发展"九五"计划和2010年远景目标纲要》中提出的在全国建立七个跨省区市经济区域的七大经济区域划分方案最为典型，即把我国划分为长江三角洲及沿江地区、环渤海地区、东南沿海地区、西南和华南部分省区、东北地区、中部五省区、西北地区。除几个比较稳定成熟的跨省级经济区域如长三角经济区、泛珠三角经济区、京津冀经济区、东北经济区等之外，近年来我国经济合作区域的层次逐渐丰富起来：一是跨省级行政区划的经济区域逐渐增多，例如2011年批准的成渝经济区，在重庆市与四川省的成都市之间展开合作。武陵山扶贫开发片区则跨越湖南、湖北、重庆、贵州、四川等省市，在西部、少数民族地区开展经济合作；二是市级层面的区域性合作，例如乌昌一体化区域、西咸一体化区域等；三是县级层面的区域性合作，例如武陵山龙山来凤经济协作示范区，由分别属于湖南省湘西土家族苗族自治州的龙山县与湖北省恩施土家族苗族自治州的来凤县展开区域合作。按照合作区域的经济发达程度，还可以分为经济发达地区的合作，例如长三角经济区；经济欠发达地区（包括少数民族地区）的合作，例如武陵山扶贫开发片区。不同的层级以及不同经济发展水平的区域合作，其面临的问题也存在差异。

---

　　① 胡乔木：《按照经济规律办事，加快实现四个现代化》，载中国经济年鉴编辑委员会编《中国经济年鉴1981年》，北京经济管理杂志社1981年版，第5—38页。

二 区域合作与冲突

在行政区发展模式下，我国各省区经济大多自成体系，重复建设，产业结构不合理，成为我国经济发展的顽症。随着经济区域理念的兴起，区域内的经济合作能够在一定程度上克服行政区发展模式的问题，但是区域合作本身也存在一系列问题。从区域的基本属性来看，"无论是自然区域、经济区域、社会区域还是行政区域，系统性或整体性是每一种类型区域的共同特质"①。因此，区域问题必须从整体出发考虑，而整体性或系统性地考虑区域发展，与区域各组成部分从自身角度考虑必然存在差异。因此，要实现区域一体化的合作，关键在于找到合作各方的共同利益。"区域经济一体化的发展过程，实质上也就是区域共同利益的探索过程和区域共同利益机制的形成过程。"② 然而，共同利益并不是静态存在的，"在区域经济一体化过程中，不同的时间、不同的地点、不同的领域和不同的主体，区域共同利益的内涵和外延就具有了动态性和不确定性，关键是能否找到不同时点上的共同利益的'平衡点'"③。区域共同利益的动态性和不确定性，决定了区域合作过程中的利益协调机制的重要性。

（一）区域发展目标与共同利益

我国经济发展不平衡，不同地区的利益追求也不尽相同。但是区域发展的目标总体具有相似性。以成渝经济区、长三角地区和武陵山片区为例，《成渝经济区区域规划》到 2020 年的发展目标为：成渝经济区的区域一体化格局基本形成，科技进步对经济增长的贡献率大幅提升，基本公共服务初步实现均等化，人民生活更加富裕，生态文明建设取得显著成效。人均地区生产总值达到 65000 元，城镇化率达到 60%。《长江三角洲地区区域规划》到 2020 年的发展目标为：形成以服务业为主的产业结构，三次产业协调发展；在重要领域科技创新接近或达到世界先进水平，对经济发展的引领和支撑作用显著增强；区域内部发展更加协调，形成分工合理、各具特色的空间格局；生态环境明显改善，单位地区生产总值能耗接

---

① 陈瑞莲等：《区域公共管理理论与实践研究》，中国社会科学出版社 2008 年版，第 5 页。
② 汪伟全：《区域经济圈内地方利益冲突与协调——以长三角为例》，上海人民出版社 2011 年版，第 9 页。
③ 同上。

近或达到世界先进水平，形成人与自然和谐相处的良好局面；社会保障水平进一步提高，实现基本公共服务均等化；人民生活更加富裕，生活质量显著提高。《武陵山片区区域发展与扶贫攻坚规划》到 2020 年的发展目标为：稳定实现扶贫对象不愁吃、不愁穿，保障其义务教育、基本医疗和住房，努力扩大城乡居民就业，城镇居民人均可支配收入大幅提高，农民人均纯收入增长幅度明显高于全国平均水平；基础设施日趋完善，基本公共服务主要领域指标接近全国平均水平，农村社会保障和服务水平进一步提升；生态系统良性循环，结构优化、密切协作的产业发展格局形成，人均地区生产总值达到西部地区平均水平以上，城乡居民收入和经济发展实现同步增长，发展差距扩大趋势得到扭转；区域协作体制机制全面建立、高效运转，区域发展步入一体化协调发展轨道；民族团结稳定、社会和谐繁荣，与全国基本同步实现全面建设小康社会目标。从上述区域发展目标可以看出，区域合作的目标主要在于两方面：一是经济目标；二是社会目标。在经济目标方面：成渝经济区是我国西部的门户，因此立志于将经济区建成内陆开放型经济高地；长三角属于经济比较发达区域，重视其经济的引领作用和接近世界先进水平；武陵山片区属于国家的扶贫开发区，区域发展的目标在于帮助区域内居民脱贫并且奔小康。虽然不同区域的经济发展水平不同，但是，上述经济目标的实现，都需要在区域内形成自由大市场，实现资源配置的最优化。在社会目标方面，上述区域都侧重基本公共服务的提升和生态文明建设。

因此，笔者认为，当前我国的区域发展目标主要包括两个方面：一是区域经济的一体化发展，自由大市场形成，资源配置实现最优化；二是区域内公共事务的一体化治理，提高公共事务的解决效率。

对于区域经济一体化发展，Bela A. Balassa 认为其既是一个过程，又是一种状态。"就过程而言，它包括采取种种措施消除各国经济单位之间的歧视；就状态而言，则表现为各国间各种形式差别的消失。"① 他还将经济一体化的过程分为四个阶段：首先是贸易一体化，即取消对商品流动的限制；其次是实现要素一体化，实现生产要素的自由流动；再次是政策一体化，在集团内达到国家经济政策的协调一致；最后是完全一体化，实

---

① Balassa, B., *the Theory & Economic Intergration*, London: Allen & Unwin, 1962, p. 10.

现所有政策的全面统一。其观点常常为国内学者研究经济区域时所借鉴。[①] 区域一体化的形成标准，有学者认为至少包括要素市场和产品市场的一体化、产业结构和产业布局一体化、基础设施和环境保护一体化、城市体系和城市布局一体化、经济运行和管理机制一体化、制度架构和政策措施一体化等六大要素体系相互关联、相互支撑、相互作用。[②] 当然，无论以国家还是地方政府为合作单位的区域，都不可能完全按照上述阶段依次实现一体化，经济一体化是一个复杂的过程，上述几个阶段的状态可能同时存在，因此相应的利益协调机制也比较复杂。区域一体化，从形式上看一般表现为一致性区域制度的形成，从实质上说是区域社会经济资源配置最优化。

对于区域公共事务的治理问题，传统的"行政区行政"模式已经很难作出回应。在公共事务方面的区域合作机制有两个问题值得深思。一是区域公共政策的制定与执行机制。"区域公共政策的形成过程，实际上是各种利益群体把自己的利益要求输入政策制定系统，由政策主体依据自身利益的需求，对复杂的利益关系进行调整的过程。"[③] 二是多中心治理与集体行动的逻辑指导下的多元利益协调机制。"多中心理论涉及广泛的公共领域，例如市场体制的多中心、司法决策的多中心、宪政的多中心、政治领导选择和政治联盟组织的多中心、公共服务经济的多中心等。在公共治理中主要指生产的多中心和治理体制的多中心，其参与主体不是单靠政府的力量，而是多元化、多层次的主体的治理。"[④] 在区域公共事务方面，多中心的治理意味着存在民间的和公民的自治、自主管理的秩序和力量，这些力量作为独立的主体，按照一定的规则，采取弹性的、灵活的、多样性的协商机制，以提高公共事务的处理效率。正如学者所说，"多中心治理结构为公民提供机会组建多个治理当局"[⑤]。

[①] 刘志彪等：《长三角区域经济一体化》，中国人民大学出版社 2010 年版，第 74 页。

[②] 张宏安：《大都市圈与区域经济一体化——兼论长江三角洲区域经济一体化》，上海财经大学出版社 2006 年版，第 37 页。

[③] 汪伟全：《区域经济圈内地方利益冲突与协调——以长三角为例》，上海人民出版社 2011 年版，第 11 页。

[④] 同上。

[⑤] ［美］艾莉诺·奥斯特罗姆：《制度激励与可持续发展》，陈幽泓译，上海三联书店 2000 年版，第 204 页。

（二）地方政府与地方利益

地方利益主要是相对于区域共同利益而言的，是区域合作各方的利益。对于一个辖区来说，由于活动主体的多元化，所包含的利益内容也呈现多元化特点：一是辖区内公民的利益，包括辖区内公民在财产、人身、受教育、文化、信仰、社会保障、居住环境等各方面的利益；二是辖区内法人或其他组织的利益，包括法人或者其他组织对财产的支配和收益、从事经营或其他活动的自由、法人或者其他组织的声誉，等等。地方政府的利益包含在法人或者其他组织的利益之中，具体来说，包括办公经费和其他办公条件所代表的物质利益；与权力、官衔、职务等相关的政治利益；与政府声誉、公众的支持率、名望、自我实现等相关的精神利益。因此，"所谓地方利益，是指在一定经济行政区内，以地方作为经济利益主体，其在生产、流通、分配、消费活动中获得的所能满足自身需要的物质财富和精神财富之和，以及其他需要的满足。它至少应包含两个方面的含义：第一，特定经济行政区内各利益主体的共同需要得到满足；第二，特定经济行政区各利益主体的代表——地方政府的自身需要得到满足"[①]。

地方利益是一个群体性概念，在实践中通常由地方政府作为地方利益的代言人。"由于地方政府具有获取信息资源的强大信息体系优势，且其经济功能——掌握地方经济的决策权以及地方资源的支配权，还是政治功能——具有在宪政框架内，表达地方利益天然的合法性，均合适不过了。这就使地方政府获得了地方利益代言人和自身利益（地方政府利益）主体的双重身份。"[②]

对于地方利益的特点，有学者归纳了五个方面。（1）中间性：地方利益界于宏观利益与微观利益之间，属中观利益范畴，与地方利益相对应的是中央利益与企业（居民）利益，正是由于地方利益的中间性纽带作用，决定着其对国家利益及企业（居民）利益的重要影响。（2）群体性：地方利益代表特定经济行政区的各利益主体的共同利益，即具有群体性，相对其组成的各利益主体，具有特定范围内的整体利益特征。（3）局部性：相对国家大整体，其区域整体（群体）性表现出局部特征，但全体

---

①　管跃庆：《地方利益论》，复旦大学出版社2006年版，第35页。

②　参见汪伟全《区域经济圈内地方利益冲突与协调——以长三角为例》，上海人民出版社2011年版，第14—15页。

局部利益的共同作用影响到整体利益的结果。（4）层次性：地方的概念本身就包含省、地（市）、县等，因而地方利益具备明显的层次性，大、中、小不同的经济行政区之间的地方利益关系为不同层级的局部利益之间的关系，所以地方利益对整体利益的影响也是层次性推进的。（5）交叉性：由于地方利益是个动态概念，不同时期不同地方的利益关系是纵横交叉的，比如"一国两制"的分处两种制度之下的地方之间的利益关系，东、中、西部各区域的地方利益关系等，无不反映了地方利益的错综复杂的交叉性。①

地方利益具有复杂的特性，因此作为其代言人的地方政府也处于复杂的利益关系之中。

1. 地方政府与市场之间的关系。区域合作中，地方政府与市场都起到了推动作用。区域分工贸易理论认为，"经济发展过程可以看做是一个以分工为媒介、制度变迁为核心、累积因果、自我演进的非均衡过程"②。因此，比较优势、要素禀赋差异等市场因素决定着区域合作的进程；但是新制度经济学却认为，"由于存在信息不对称、市场垄断、搭便车等'市场失灵'现象以及区域间经济发展的矛盾关系"③，人们对市场机制产生怀疑。有人甚至认为，"在推动区域经济一体化方面，行政与制度层面上的正式强制模式甚至要优于市场及社会非正式诱致性模式"④。

2. 地方政府与自身机构、工作人员之间的关系。如果地方政府的工作人员过分追求或者以损害地方利益的方式实现个人利益，将会影响地方政府对于地方利益的实现。同样，地方政府机构也有自我膨胀、自我扩张的需求，也会增加地方政府实现地方利益的成本、降低效率。

3. 各级政府之间的关系。一是中央政府与地方政府之间的关系。正如学者所说："在任何一个国家，中央与地方关系都将直接决定整个国内政府间关系的基本格局。因为中央与地方关系决定着地方政府在整个国家机构体系中的地位、权力范围和活动方式，从而也就决定了地方政府体系

---

① 管跃庆：《地方利益论》，复旦大学出版社 2006 年版，第 36 页。
② 汪伟全：《区域经济圈内地方利益冲突与协调——以长三角为例》，上海人民出版社 2011 年版，第 10 页。
③ 同上。
④ 陈剩勇、马斌：《区域间政府合作：区域经济一体化的路径选择》，《政治学研究》2004 年第 1 期。

内部各级政府之间的关系，决定了地方政府之间的关系。"① "寻求中央权威与地方自治相关联系的均衡点，一直是改革中央与地方关系的两难抉择。"② 二是地方政府之间的关系。在我国目前的宪政体制下，"如果说纵向的政府间关系主要具有政治与行政意义的话，那么横向的地方政府间关系主要具有经济意义"③。地方政府要跳出封闭的"行政区行政"模式，走向开放的、相互依赖的区域合作模式，就必须协调好地方政府之间的关系。三是地方政府与区域间组织的关系。包括地方自发形成的自愿性区域组织与地方约定而成的约束性区域组织。由于目前我国地方组织法等法律规范中并没有关于区域合作组织的规定，地方政府与区域组织之间的关系还有待厘清。四是区域组织与中央政府的关系。中央政府既是区域组织的权力源泉，又是区域组织运行的监督者，在我国，区域组织与中央政府之间利益关系的调整也同样缺乏法律依据。

（三）地方利益冲突的成因及类型

1. 地方政府合作与竞争

地方政府的合作可以解决日益增长的区域经济一体化和跨界公共事务的处理问题，是一种不通过上级政府的单一权威，而是通过相互间协作的方式来解决问题的治理方式。从理想状态上看，正如学者指出的，地方政府之间的合作可起以下作用：第一，地方政府在合作中对那些阻碍一体化进程的权力及其运作的对等约束、行政权力的跨行政区衔接，抑制了地方政府竞争中某一地方政府针对其他地方政府的行政权力的不规范行使和滥用，从而消除行政壁垒对资源跨行政区流动的阻隔和配置的扭曲；第二，地方政府间通过不同程度的权力让渡所形成的合作组织和机制，成为积极推动区域市场和区域经济一体化的力量；第三，通过地方政府合作，财政资源等被直接配置到跨界公共事务中去，解决了由于分割管理所导致的资源投入不足的问题；第四，地方政府在合作中通过对行政权力的自愿性的相互调整，形成各地方政府对跨界公共事务的管理权的相互制约，使各地方政府在公共事务的治理中达到"权力共有、责任共担、利益共享"

① 林尚立：《国内政府间关系》，浙江人民出版社1998年版，第19页。

② 汪伟全：《地方政府竞争秩序的治理：基于消极竞争行为的研究》，上海人民出版社2009年版，第278页。

③ 林尚立：《国内政府间关系》，浙江人民出版社1998年版，第24页。

的状态，解决了对具有整体性的公共事务分割治理的弊端，有利于跨界公共事务的有效治理。[①]

地方政府之间合作与竞争并存，良性的竞争可以促使行政权的规范行使，但在实践中，传统行政区域治理方式的影响以及对本地经济指标的过分关注，往往会导致地方政府之间的竞争失序，地方政府滥用行政权力，切割区域市场，阻碍自由大市场的形成，跨界公共事务治理陷入困境。

2. 地方利益冲突的类型

从经济学的角度说，地方利益会产生"外部性"——当一个人从事一种影响旁观者福利而对这种影响既不付报酬又得不到报酬的活动时就产生了外部性。如果对旁观者的影响是不利的，就成为"负外部性"；如果这种影响是有利的，就称为"正外部性"。[②] 在区域合作过程中，各地方政府为了推动本地区的快速发展，在扩大本地区产品市场规模、争取项目投资、获得更多资源的同时，也会重复建设，导致产业结构趋同、地区大战、分割市场、跨地区公共性物品供给不足和公共事务治理失灵等，由此引发各地区之间在市场、产业、公共投资等方面利益的矛盾和冲突，形成地方利益冲突。

从利益冲突的成因上分析，本书认为可以分为主观和客观两方面因素。区域内合作各方无法摆脱传统的行政区域治理模式的影响，是导致地方利益冲突的主观因素。区域内合作各方经济发展水平、历史文化传统、自然地理环境等因素，是导致地方利益冲突的客观因素。

（1）主观因素导致的地方利益冲突

受传统治理模式的影响，行政区域与经济区域矛盾引发的冲突主要表现在以下几个方面。

第一，制造贸易壁垒；分割市场，限制生产要素的自由流动。具体表现为限制本地产品流入外地或者限制外地产品流入本地，通过地方立法提高市场准入条件、质量技术标准或者增加行政事业性收费等。利用行政垄断，人为造成各行政区资源、财力、人才的浪费，造成恶性竞争，严重阻

---

① 彭彦强：《中国地方政府合作研究——基于行政权力分析的视角》，中央编译出版社2013年版，第266页。

② ［美］曼昆：《经济学原理》，梁小民译，三联书店、北京大学出版社2001年版，第201页。

碍了统一大市场的形成，限制了区域合作优势的发挥。

第二，重复建设，产业结构趋同。在传统的行政区域发展思路下，地方的经济发展格局是"小而全"的模式，各地方经济自成体系、重复建设。在区域合作过程中，地方政府过分关注本地的经济指标，产业同构现象十分严重。在成渝经济区，由于地理位置相近、资源禀赋相同等原因，产业选择取向一致，各市（县、区）之间缺乏合理分工，造成企业平均规模较小、产业集中度不高、重复建设突出等问题。例如四川省南充市与重庆市涪陵区，其主导产业选择极为类似，都将天然气化工、机械制造、轻纺食品等作为主导产业。即使是同属重庆市的永川区和江津区产业结构也极为雷同。长三角地区的主要工业行业雷同非常严重，在36种产值位居前十名的主要工业行业中，1997年苏浙沪之间有5个行业相同，苏浙之间有7个行业相同，苏沪和浙沪之间有6个行业相同，至2011年，在长江三角洲地区16个城市的主导产业选择中，选择汽车及零部件的有11个城市，选择石化的有8个城市，选择电子通信产业的有12个城市。苏州、无锡、常州的前五位产业几乎一样。[①]

第三，无序竞争，缺乏理性的市场竞争规则。以长三角的低价优惠为例，长三角各地为了吸引外来投资，纷纷以降低税收作为优惠条件。苏州土地开发成本约为每公顷300万元，而地价却降至每公顷225万元以下，吴江、宁波、杭州等地将地价压到了每公顷75万元，无锡降至30万—45万元以下，就连上海郊区的地价也降到了75万—90万元。[②] 在税收优惠、配套融资、行政审批等方面许诺优惠，或者造成恶性竞争，或者无法兑现承诺，损害了投资人的利益，也损害了各地长远发展。

第四，重大基础设施建设缺乏分工合作和配套衔接。以长三角的机场建设为例，在大约10.97万平方公里的土地上，共有民航机场12个，分布密度过高，而且机场资源分布不合理，运输能力欠缺与重复建设浪费并存，机场效率难以维持。由于行政规划的限制，长三角地区内的各省市在制定交通运输发展规划时，均表现为竞争为主、合作不足，区域公路网等

① 当代上海研究所：《长江三角洲发展报告：区域发展态势和新思路》，上海人民出版社2011年版，第17—18页。

② 杨月兰《一体化背景下长三角土地一体化研究》，硕士学位论文，南京农业大学，2008年，第22页。

重大基础设施的配套对接不畅，高速公路管理体系不统一，分段收费加剧了交通拥堵问题。①

第五，跨区域公共事务解决不力。最典型的跨区域性公共事务是流域治理和保护问题。我国长期以来对水资源问题是高度重视的，专门的水资源保护立法从水污染控制开始，始于 20 世纪 70 年代末 80 年代初，但是法律实施的结果却令人大失所望，从 1984 年到 1994 年，《水污染防治法》实施的第一个十年，中国各大流域的污染均呈扩大趋势，以致 1994 年爆发 "淮河水污染事件"。到 2004 年，淮河被宣布为 "基本失去自净能力"②。2002 年 7 月，淮河安徽段蚌埠闸向下游江苏境内洪泽湖泄洪，囤积在安徽、河南等地的大量工业污水也一并排入淮河，下泄洪泽湖，湖水所到之处，鱼、蟹大面积死亡，不到一个月，洪泽湖、金湖等地的环湖特种水产养殖户直接经济损失就达 1 亿多元。③ 流域是完整的自然区域，由于行政区划的局限，由不同地方政府管辖，受到行政区域治理模式的影响，各地只追求自身的经济利益，立法不尊重流域的自然统一性、功能统一性，上下游之间不协作，各地的监管体制又是 "多龙治水"，条块分割引发冲突，无法有效实施流域的治理和保护。

（2）客观因素导致的地方利益冲突

受区域内合作各方经济发展水平、历史文化传统、资源分布、自然地理环境等客观因素影响，引发的地方利益冲突也普遍存在。

一方面，如果区域内合作各方在历史文化传统、资源分布、自然地理环境等方面过于 "同质化"，就会导致合作动力不足，利益争夺频繁。例如武陵山龙山来凤经济示范区，其合作主体是资源环境、经济水平、产业布局都极为相似的龙山县和来凤县，在具体的合作项目中，极易出现 "短兵相接" 的情况。例如火车站究竟是应当修在哪个县城更好？连接两地的桥梁究竟应当如何选址？上述问题导致跨省协作过程中的利益冲突十分频繁。如果两县在基础设施、公共服务方面的规划落实上，一些 "一体化" 项目的实施过程中出现纠纷而又无法解决，区域合作就会陷入重

---

① 当代上海研究所：《长江三角洲发展报告：区域发展态势和新思路》，上海人民出版社 2011 年版，第 55—56 页。

② 参见吕忠梅等《长江流域水资源保护立法研究》，武汉大学出版社 2006 年版，第 45 页。

③ 童大焕：《环境污染与政府间博弈》，载《南方周末》2002 年 8 月 8 日。

重困境。

　　另一方面，经济发展水平对区域内合作中的地方利益冲突类型以及协调机制的构建产生影响。在经济比较发达的重要城市群协作区，已经形成比较成熟的市场，由于强大的市场推动力，区域间的协作发展属于"自下而上"的推进模式，国家层面负责统筹规划，地方在经济协作中占主导地位。在区域间形成统一大市场是协作发展的重要目标，地方之间的利益协调重在减少和规范行政干预，消除贸易壁垒，维护市场规则，促进基础设施、公共服务的一体化。像武陵山龙凤示范区这样的少数民族经济协作区，既是国家扶贫开发协作区，又属于民族自治区域，市场体系极不完善，政府这只"看得见的手"在资源的配置中起到重要作用，在对利益进行协调时，运用行政区划调整、区域协作立法等手段时都存在特殊性。

　　总的来说，要解决由主观因素所导致的地方利益冲突，从根本上说要改变地方政府的治理理念，加强地方政府间的合作与相互监督，摆脱传统行政区域治理模式的影响。由区域内合作各方经济发展水平、历史文化传统、自然地理环境等客观因素导致的地方利益冲突，则需要构建完善的地方政府利益博弈机制，在最大程度上实现"双赢"。

第二节　中国区域合作中地方利益冲突的法律协调机制

一　中国区域合作中的地方利益冲突解决机制概述

（一）区域发展目标决定地方利益冲突解决机制的作用

　　由于地方政府是地方利益的代言人，探讨区域合作中地方利益冲突的解决机制问题，首先要明确地方政府的职责所在。正如前文所述，区域发展主要包括两方面目标：一是区域经济的一体化发展，自由大市场形成，资源配置实现最优化；二是区域内公共事务的一体化治理，提高公共事务的解决效率。因此，地方政府的主要职责就是促进资源配置的最优化和公共事务的有效治理。必须强调的是，"地方政府合作对资源的配置作用之要义，不在于地方政府间通过合作对资源进行直接配置来改善资源的区域配置状态，而是通过相互间的合作，对各地方政府阻碍资源通过市场机制在区域层面配置的行为进行自我限制和规范，这一过程实质上减小了而不是增大了地方政府在资源的区域配置中的作用，在一定程度上纠正了政府的越位和错位，市场得以在区域层面发挥其正常的资源配置功能；同时，在存在市场失灵的区域性公共物品和公共服务领域，各地方政府通过合作则加强了政府的作用，弥补和改善了政府缺位状态，为区域经济活动提供了必要的公共服务环境的支撑"①。从这个意义上说，地方利益冲突解决机制的作用就在于：一是约束地方政府滥用权力，让市场得以在资源配置中发挥正常作用；二是督促地方政府积极行使权力，弥补市场失灵的问题并且提供必要的公共产品。

区域合作目前在我国已经成为普遍存在的现象，但是区域之间经济发展不平衡，区域之间的利益协调机制也必然各具特色，例如在现有的经济协作区域中，"长三角""珠三角""环渤海经济区""成渝经济区"、武汉及周边八个城市组成的"武汉城市圈"等区域主要由一些重要城市构成；武陵山片区与上述经济发展较好的城市群不同，是国家扶贫攻坚的示范区；龙凤示范区处于武陵山腹地，又是少数民族自治区域。由于区域间经济发展水平相异，同时受到不同文化、历史、合作传统等因素的影响。我国不同区域的地方政府合作水平存在较大差异，不同区域的地方政府合作水平也是千差万别。因此，要构建一种普适性的地方政府合作模式和机制几乎是不可能的。

（二）我国区域合作中地方利益冲突协调机制的多样性

在区域合作实践中，能够发挥地方利益协调作用的主体多元化，因此利益协调机制也具有多样性。我国目前在地方利益冲突中，发挥协调作用的主体至少包括以下几种：首先，中央政府通过制定规划、立法以及行政命令对调解区域内政府的纠纷发挥协调作用。其次，地方政府之间可以通过协商解决冲突。再次，国家为某个区域的特定事务而设立的协调管理机构，如长江航运管理局、黄河水利委员会等政府间组织，也在自己的权限范围内发挥着区域经济发展的协调作用。最后，一些非政府组织、企业、公民等，也会在一系列公共问题如公共工程建设和设施、交通、卫生、福利、环境、税收等问题上参与沟通与交涉，进而起到区域经济发展的协调作用。

按照地方利益协调机制发挥作用的时间分类，可以分为事前协调机制

① 彭彦强：《中国地方政府合作研究——基于行政权力分析的视角》，中央编译出版社2013年版，第268页。

和事后协调机制。通过区域规划、行政协议等方式进行的利益协调，都是事前协调；通过诉讼、调解等方式进行的利益协调，属于事后协调。实践中，联席会议制度在各合作区域运用较多，通过联席会议的协商、决议进行的地方利益协调，可以是事前协调，也可以是事后协调。

如何在当前的宪政体制下，在区域法治理论的指导下，构建起多层次、长效规范、"软硬并举"的法律协调机制是本书关注的重点。

二 当前区域合作中地方利益协调机制存在的问题

区域合作中地方利益的法律协调机制，包括调整区域合作行为的规则体系和制定、实施规则的组织机构。目前对区域合作行为发挥作用的规则体系主要包括区域规划、行政协议以及地方协作立法，区域合作的组织机构主要是政府的联席会议，在立法机构和党委机构一体化方面有一些尝试。

（一）区域合作中地方利益协调的规则体系及其存在的问题

1. 区域规划

区域规划是协调区域关系的重要工具，是关于一定区域开发、建设进行的总体部署，为区域合作提供总体依据。近年来，国务院为协调区域发展，先后批准了几十个区域规划和类似指导意见，例如国务院 2010 年批准的《长江三角洲地区区域规划》、2011 年批准的《成渝经济区区域规划》、2012 年批准的《武陵山片区区域发展与扶贫攻坚规划》等。然而，我国的区域规划既缺乏规划基本法的规制，也缺少单行法的指导。在实践中，区域规划逐渐成为地方政府向中央争取资源的工具，其效力要求不明确、法律责任不明确，区域规划与国土、城市规划等冲突严重。[1] 作为一种重要的地方利益事先协调机制，在当前的宪政体系下，如何准确把握区域规划的属性？如何让区域规划真正得到实施？是需要进一步探讨的问题。

2. 行政协议

行政协议是区域利益协调中应用最为广泛的一种方式，例如"长三角"区域陆续缔结的《长江三角洲旅游城市合作宣言》《关于以筹办"世博会"为契机，加快长江三角洲城市联动发展的意见》《关于三地引进国

---

[1] 参见杨丙红《我国区域规划法律制度研究》，博士学位论文，安徽大学，2013 年。

外智力资源共享的协议》等。2004 年 6 月，粤、闽、赣、桂、琼、湘、川、滇、黔九省区和港、澳两个特别行政区共同签署了《泛珠三角区域合作框架协议》；2012 年 6 月 22 日，泸县、内江隆昌县、宜宾长宁县、江安县、自贡富顺县、重庆大足、荣昌、潼南县等渝西川东南 16 个区县共同签订《渝西川东南区县旅游联盟合作框架协议》，结成旅游联盟。可见，无论是经济全方位合作还是某一个领域的合作，签订行政协议都是比较普遍的一种合作方式。对于行政协议属性的认识目前存在争议：行政协议究竟是规范还是契约？如果将行政协议视为法律规范性文件，则涉及制定权限、效力位阶、监督审查等问题。如果将行政协议视为契约，如何解释其效力？如何保障其实施？要真正发挥行政协议在区域协作中的作用，必须对上述问题有清晰的认识。

3. 地方协作立法

根据《中华人民共和国立法法》（以下简称《立法法》）的规定，我国地方立法有三种形式：一是制定地方政府规章；二是制定地方性法规；三是民族自治地方制定自治条例和单行条例。因此，我国区域立法合作也包括三种形式：一是地方政府之间合作制定行政规章，以 2006 年 1 月辽宁、黑龙江和吉林三省共同签署的《东北三省政府立法协作框架协议》为代表；① 二是有立法权的地方人民代表大会及其常务委员会之间合作制定地方性法规，以 2015 年底位于武陵山片区的湖北省恩施土家族苗族自治州与湖南省湘西土家族苗族自治州人大合作制定的《酉水河保护条例》为代表；三是民族自治地方人大之间合作制定自治条例和单行条例。2015年 3 月《立法法》修订之后，设区的市和自治州在城乡建设与管理、环境保护、历史文化保护等三个方面才有了地方性法规制定权。据笔者了解，目前民族自治地方人大之间还没有开展自治立法合作的实例，如果恩施、湘西两州在《立法法》修订之前合作制定《酉水河保护条例》，就是单行条例的合作立法。当前的协作立法是否有法律依据？在当前的立法体制下，人大协作立法与政府协作立法相比是否存在优势？地方立法究竟有多大的协作空间？协作立法决议如何才能得到落实？都是值得研究的问题。

---

① 参见钱昊平《东北三省横向协作立法 能否一法通三省受关注》，《新京报》2006 年 8月 4 日。

（二）区域合作中地方利益协调的组织机构及其存在的问题

组织机构一体化是区域合作的重要方式。以"珠三角"为例，与长三角经济区域、环渤海经济区域等区域不同的是，整个珠三角地区都隶属广东省，在立法、行政管理等方面有着共同上一级机关即广东省人民代表大会及其常务委员会和广东省人民政府，这对于珠三角地区的利益协调来说是一个极大的优势。因此，广东省人民代表大会常务委员会制定了《广东省珠江三角洲水质保护条例》《广东省珠江三角洲城镇群协调发展规划实施条例》，广东省人民政府制定了《广东省珠江三角洲大气污染防治办法》等，以协调区域内的利益冲突。① 此外，2007 年底湖南省人民代表大会常务委员会审议通过《湖南省长株潭城市群区域规划条例》，为长沙、株洲、湘潭等地的利益协调机制奠定了基础。可见，统一的机构进行利益协调对于区域合作会起到极大的促进作用。

在区域经济合作过程中，很多地方都在尝试采用一体化组织来实现利益协调——立法机关、行政机关甚至党委机关的一体化。

1. 立法机构一体化

我国区域合作中的行政立法协作和人大的立法协作主要是以联席会议的方式进行磋商，制度化程度很低，不存在组织法意义上的合法性问题。但是，学术界一直主张实行立法机构一体化，以更好地协调地方利益冲突。主张以立法机构一体化的方式实现地方利益协调的观点分为两个方面。一是采用地方层面的统一立法。在地方层面，像珠三角地区那样，在同一个省市内采取统一立法实行区域法制协调并不存在什么问题。但是跨省市的区域法制协调，则面临困难。二是采用中央层面的统一立法。建议中央政府设立一个负责区域管理的综合性权威机构：区域协调管理委员会。同时制定国家区域开发方面的法律，如西部开发法、东北老工业基地振兴法等，由此形成完善而统一的区域法制协调机制。②

在我国现行宪政体制下，上述立法机构一体化的建议很难找到法律依据。那么，究竟是对现行法律体制进行改造，还是从其他途径寻找解决方

---

① 参见石佑启、黄新波《珠三角一体化的政策法律冲突及其协调》，《广东行政学院学报》2011 年第 3 期。

② 参见陈瑞莲等《区域公共管理理论与实践研究》，中国社会科学出版社 2008 年版，第 314 页。

法，是本书将要探讨的问题。

2. 党委机构一体化

2004 年 12 月，在新疆维吾尔自治区的乌鲁木齐市和昌吉回族自治州的一体化发展过程中，① 自治区党委作出重大决策，设立中共乌鲁木齐市昌吉州党委作为协调机构。统一组织、领导和协调乌昌地区经济一体化进程，实现财政、规划和市场的统一，将乌昌党委的职责明确规定在《乌昌党委机构设置及主要职责》和《乌昌党委工作规则》里，内容涵盖规划制定、社会经济决策，甚至党政一把手选任等，近似一级政府的同级党委，从而实现了两地组织领导统一。与立法机构一体化类似，党委机构一体化也因缺乏宪法和法律上的依据而遭受正当性的质疑。

综观我国现行《宪法》《地方各级人民代表大会和地方各级人民政府组织法》（以下简称《地方组织法》）以及《立法法》等相关规范，都没有像美国联邦宪法第 1 条政府间协议条款那样具有明确的地方利益协调机制的规定。② 当然，这并不能说明上述区域协调机制都不具备合宪性基础。③ 但是上述规则体系要对区域合作实践具有指导性，还必须结合区域法治理论，进行系统的阐释。实践中某些合作区域的组织机构一体化存在对现有法律框架突破的情形，还需要进一步寻求合宪性、合法性依据。

三　在宪政视角下研究区域合作中地方利益协调机制的意义

从实践层面看，我国幅员辽阔，行政区划与地理自然界限、民族分布、社会文化等因素相关。随着市场化的推进，地方在经济领域的自主性逐渐增强，为了尽快发展本地经济，地方政府之间长期以来就存在激烈的竞争。为了实现地区之间经济协调发展，国家批准成立了一系列经济一体化合作区域。地方之间的经济合作主要在基础设施建设、建立市场一体化机制、生态环境建设、建立城乡均等化的公共服务保障体制、建立突发事件应急联动机制等方面展开。在经济合作过程中，许多传统行政区"内

---

① 参见秦旭东《乌昌党委导演乌鲁木齐—昌吉一体化》，《21 世纪经济报道》2005 年 10 月 8 日。

② 地方立法中对此有所涉及，例如 2008 年的《湖南省行政程序规定》第 15 条第 2 款规定，"区域合作可以采取签订合作协议、建立行政首长联席会议制度、成立专项工作小组、推进区域经济一体化等方式进行"。

③ 参见叶必丰《区域经济一体化的法律治理》，《中国社会科学》2012 年第 8 期。

部"社会公共问题与公共事务，越来越"外溢化"，地方之间的利益冲突日渐严重。例如法律规范的冲突问题，公共基础设施与公共服务的统筹与建设各自为政、重复建设问题，市场分割导致行政垄断、市场要素无法自由流动问题，产业同构引发恶性竞争问题，相邻区域生态环境特别是流域生态环境保护与治理问题，等等。由于我国缺乏规范、长效的冲突解决机制，地方利益的冲突长期得不到解决，或虽在上级政府的协调下得到暂时的解决，但因没有纳入法律轨道，往往不具有终局性和长期效力。党的十八届四中全会提出，坚持依法治国首先要坚持依宪治国，坚持依法执政首先要坚持依宪执政。党的十八届五中全会公报提出，推动区域协调发展，塑造要素有序自由流动、主体功能约束有效、基本公共服务均等、资源环境可承载的区域协调发展新格局。如何在宪法框架之下完善政府间合作机制，是值得研究的问题。因此，本书以地方经济利益冲突的法律协调机制为研究对象，具有重要的现实意义。

从理论研究层面看，随着我国区域合作的深入发展，区域法治理论逐渐受到学界的关注。我国宪法对地方自治制度规定过于简单，仅在民族区域自治制度、特别行政区制度以及基层群众自治制度中有所涉及，至于一般的地方行政区域在多大程度上享有地方自主权、地方政府之间合作与冲突的协调机制等问题，宪法则语焉不详。宪法依据的缺失，导致地方利益冲突的法律协调机制也极度不完善，理论探讨的空间较大。本书将以我国比较有代表性的合作区域为例，运用区域法治理论，结合人民主权、分权、基本人权、法治等宪政原理，深入探讨区域平等、法治、民族区域自治等宪法原则在区域合作中的贯彻问题，突破当前仅仅从公共管理、行政法治等层面构建区域法治理论的局限，将区域合作纳入宪政框架之下，为我国区域政府间合作机制的完善提供合宪性与合法性依据。本书还将以武陵山片区的龙凤示范区为样本，对区域合作中的地方利益协调机制展开研究，研究对象选取的原因在于：武陵山片区与"长三角""珠三角""武汉城市圈""成渝经济区"等经济较发达地区和大城市之间的合作有很大差异。武陵山片区是我国率先启动的发展与扶贫攻坚试点，探索武陵山片区的政府合作机制可以为国家其他贫困区域的合作发展提供经验。同时，武陵山片区也是多个少数民族的聚居区，民族文化的多样性和民族区域自治立法权的充分运用会给我国区域合作模式的构建带来更多可能性。以武陵山片区政府合作机制为样本，可以全面阐释本书的区域法治理论，也可以为区域法治的未来发展提供新的思考路径。

第三节　研究综述、研究方法及本书的研究内容

一　研究成果综述

（一）国内相关研究成果

目前国内学者大多从宏观层面从事区域法治的研究，对于合作时间较长或经济较发达区域政府合作机制有一定关注，对武陵山片区政府合作机制的研究成果较少。代表性研究成果主要包括以下几方面。

1. 对区域法治基本问题的研究。（1）从区域间实现良性竞争的角度出发，对区域经济发展的协调机制进行的研究。以中山大学陈瑞莲教授的《区域公共管理理论与实践研究》（中国社会科学出版社 2008 年版）、张紧跟博士的《当代中国地方政府间横向关系协调研究》（中国社会科学出版社 2006 年版）等著作为代表，在研究区域公共管理制度创新的基本路径的同时，提出构建区域协调发展的法律框架和制度基础。但是，由于研究视角的局限，上述研究对实现区域协调发展的规范化与制度化措施缺乏深入探讨。（2）对地方政府之间关系法律调整的必要性、法律调整要遵循的基本精神等进行了概括性的探讨。以薛刚凌教授的《论府际关系的法律调整》（《中国法学》2005 年第 5 期）为代表；宣文俊在《关于长江三角洲地区经济发展中的法律问题思考》（《社会科学》2005 年第 1 期）一文中，就长三角地区经济发展中的法制协调、协调机构及协调机制等问题进行了探讨，认为只有以法制协调的方式作为区域协调的基础，才能将以往非制度化的协调转向制度化的协调。（3）认为公法必须通过完善核心价值体系、重构变迁路径和公权力配置制度、拓展公法范畴、健全公法规则体系等进行持续不断的回应性制度变革，以实现与区域府际合作治理的良性互动。以石佑启、朱最新的《论区域府际合作治理与公法变革》（《江海学刊》2013 年第 1 期）为代表；在《论区域合作与软法治理》（《学术研究》2011 第 6 期）一文中，石佑启教授指出，加强区域合作，推进区域一体化进程，需要建构有效的法制保障平台，既要完善硬法，发挥硬法的规制作用，又要建立健全软法，充分发挥软法在区域合作中的治理作用。（4）对区域法治基础理论的研究。学者指出要重建文化传统在区域法治发展进程中的基础地位，以公丕祥教授的《区域法治发展与文

化传统》(《法律科学》2014 年第 5 期)为代表；对区域法治理论进行深入探讨，以公丕祥教授主编的《变革时代的区域法治发展》(法律出版社 2014 年版)为代表。(5)对区域法治化评价体系与标准的研究。例如，刘莘在《区域法治化评价体系与标准研究》(中国政法大学出版社 2013 年版)一书中，对区域合作中的立法执法和司法分别设定了评价指标。

2. 对区域政府合作利益协调机制的研究成果。(1)区域规划的视角。李煜兴在《区域行政规划研究》(法律出版社 2009 年版)中指出，限定区域行政规划的适用领域、理顺区域行政规划的制定权限、认定区域行政规划的制定主体是区域行政规划编制的先决问题。利益分配和利益补偿是区域行政规划制定与实施的核心问题，同时也是区域行政规划的重要内容。(2)行政协议的视角。以区域经济合作中地方政府间的行政协议为切入点，对区域经济的协调性法律机制进行的研究。以上海交通大学叶必丰教授的《行政协议：区域政府间合作机制研究》(法律出版社 2010 年版)、《区域合作协议的法律效力》(《法学家》2014 年第 6 期)为代表，主张以行政协议的方式实现区域经济合作的法制协调，并对区域合作协议的效力进行了探讨。(3)立法协作的视角。王春业在《区域合作背景下地方联合立法研究》(中国经济出版社 2014 年版)一书中，主要以黑龙江、吉林、辽宁三省在区域合作过程中进行的地方联合立法为研究对象，对其合法性和可行性进行了探讨；陈俊在《区域一体化进程中的地方立法协调机制研究》(法律出版社 2013 年版)一书中探讨了国内外区域一体化立法协调机制，对于区域一体化立法协调机制的要素及其完善化提出了建议。(4)对具体跨区域公共事务治理过程中利益协调机制的探讨。以吕忠梅教授的《长江流域水资源保护立法研究》(武汉大学出版社 2006 年版)为代表。吕忠梅教授在该著作以及论文《水污染纠纷处理主管问题研究》(《甘肃社会科学》2009 年第 3 期)中认为，目前依靠政府间的临时协商或政府行政协调来解决流域间的水污染纠纷，存在协商机制缺位、协调机制失灵的种种后果，因此主张由专门的法院即海事法院专门管辖流域水污染案件。另外，中山大学杨小强教授的《珠江三角洲适用税法与香港适用税法之冲突及其协调——以企业所得税法为中心》(《月旦民商法杂志》2006 年第 9 期)等论著也对相关问题进行了论述。

3. 对不同区域利益协调机制的研究。(1)对长三角等东部地区的区域协调机制的研究较多，比较有代表性的是汪伟全的《区域经济圈内地方利益冲突与协调——以长三角地区为例》（上海人民出版社 2011 年版），其以长三角地方利益冲突与协调为研究对象，对区域视角下地方利益冲突与协调模式的理论基础、当前长三角地方利益冲突与协调的现状、利益协调机制的运行机理与逻辑以及实现长三角区域利益协调与共享的对策建议展开了研究。（2）对武汉城市圈等中部地区的区域协调机制的研究。罗峰在《区域一体化中的政府与治理——对武汉城市圈的实证研究》（中国社会出版社 2012 年版）一书中，通过对武汉城市圈区域一体化的考察，探讨了地方政府在区域一体化进程中的作用以及区域一体化对地方政府组织、功能及其治理方式的影响，揭示了区域一体化与地方政府及其治理的互动关系，阐释了地方政府推动区域一体化的作用、内在动力及其行为方式。（3）对武陵山片区等西部地区区域合作机制的探讨。包括对武陵山片区政府合作机制形成之前对政府合作重要性进行的探讨（谷安柏：《武陵山经济协作区政府合作探讨》，《新重庆》2010 年第 10 期）；对武陵山片区形成初期对片区地方政府合作的基础、缘起和意义进行阐释[陈勇：《武陵山片区地方政府合作的基础、缘起和意义——兼论区域政府合作》，《湖北民族学院学报》（哲社版）2012 年第 6 期]；运用区域经济学中的协同理论，建议武陵山片区创新协作机制，制度化推进协作共进（黄泽海：《武陵山片区合作机制设计面临的困境与路径前瞻——基于协同理论》，《科技和产业》2012 年第 10 期）。

（二）国外研究现状

区域间的合作也是世界经济发展的一个趋势，美国州际协定的纠纷解决模式、日本的跨区域行政协调制度、欧盟的法律救济体系等都有可资借鉴之处。

1. 美国对于政府间合作的机制的研究成果比较丰富。文森特·奥斯特罗姆、罗伯特·比什、艾莉诺·奥斯特罗姆在《美国地方政府》（井敏、陈幽泓译，北京大学出版社 2004 年版）一书中揭示了建立在联邦主义和宪治原则基础上的政府结构和联邦的支配权与地方政府争取自治权之间的持续斗争。在美国，对州际协定纠纷有两种解决途径，一是仲裁和调解，二是司法程序，主要在联邦最高法院进行。美国学者对州际协定的纠纷解决机制研究比较有代表性的是 F. Zimmerman，他认为州际协定本质上是一种合同，履行州际协定过程中产生的纠纷也类似民事合同纠纷（F. Zimmerman, *Interstate Cooperation: Compact and Administrative Agree-*

ments, Westport, CT: Greenwood Press, 2002)。另外，ADR 这种民事争议解决模式在行政争议解决过程中的运用也受到重视（史蒂文·苏本、玛格瑞特·伍：《美国民事诉讼的真谛》，蔡彦敏、徐卉译，法律出版社2002 年版）。

2. 日本是单一制国家，其区域合作制度受到宪法规定的地方自治制度的保障，学者对广域行政的研究比较有代表性的是村田敬次郎所著《新广域行政论——明日地方自治》（东京第一法规出版株式会社 1965 年版），相关介绍还可以参见蔡茂寅所著《地方自治立法权的界限》，载台湾行政法学会学术研讨会论文集（1999）（元照出版有限公司 2001 年版）。此外，日本学术界自二战以后形成了大量广域行政的研究成果（南博方：《日本行政法》，杨建顺译，中国人民大学出版社 2006 年版）。

3. 欧盟的冲突协调机制比较明确，根据《欧盟条约》第 6 条，欧盟的原则之一就是法治，欧洲法院承担了在欧共体层面确保有效法律救济的责任。因此，学者的研究主要关注法院在冲突解决过程中的实质审查标准。例如罗尔夫·施托贝尔认为比例原则是内部市场的指导性原则，对成员国措施进行审查时，应当以欧共体利益和流通自由的实现作为标准（罗尔夫·施托贝尔：《经济宪法与经济行政法》，谢立斌译，商务印书馆2008 年版）。欧盟的政府合作机制广受学界关注。比较有代表性的是对欧盟政策制定中的利益协调和审议机制的研究（Wallace、Helen and William Wallace, *Policy-Making in the European Union*, Oxford University Press, 2000）。刘秀文、埃米尔·J. 科什纳等在《欧洲联盟政策及政策过程研究》（法律出版社 2003 年版）一书中对欧洲一体化的理论基础和欧洲联盟政策制定过程进行了研究。

（三）研究成果述评

上述成果为区域政府合作机制的研究提供了不同理论视角，也从我国区域政府合作实践中提炼了很好的经验，为学界对区域政府合作机制的进一步研究奠定了坚实的基础。域外区域间的合作包括国与国之间、州与州之间的合作，与我国地方政府合作机制相比有较大差异，但是其利益协调机制的构建原理可供借鉴。但是，上述研究还存在以下问题。（1）对于区域合作中地方利益法律协调机制的研究还有待深入。以行政协议为例，由于我国的相关法律并未规定行政协议，也没有行政协议的纠纷解决机制，行政协议缺乏正式法律规范的约束力和强制执行力，致使政府间合作的推行与纠纷的解决随意性和偶然性较大。因此，如何完善当前的行政协议机制问题受到普遍关注。同样的问题也存在于区域规划、协作立法等利益协调机制之中。（2）目前的研究主要讨论普通行政区划之间的区域合作问题，对于武陵山片区这种包含民族自治地方的区域立法协作缺乏研究。例如王春业在探讨地方协作立法时曾经指出："由于民族自治区的自治条例和单行条例是我国实行民族区域自治制度而出现的两种特殊的地方性立法，是民族自治地方行使自治权的重要表现形式，涉及民族自治问题，允许民族自治地方的人民代表大会可以在制定自治条例和单行条例时对法律和行政法规作出变通规定。若要求地方联合立法，可能有许多问题需要解决，本书不作为研究的范围。"① （3）目前对区域合作中地方利益协调法律机制的研究成果主要以政府依法行政为指导思想，没有提升到依宪治国的层面，将区域政府合作机制纳入宪法框架之下考虑，以宪法所包含的区域平等、法治、人权等理念为核心，构建区域法治理论，才能更好地完善区域规划、区域行政协议、区域协作立法等规则体系和区域合作组织。

二　主要研究方法

1. 运用文献分析方法。全面搜集武陵山片区及其他合作区域政府合作规则文本、事例以及相关学术研究成果。

2. 运用实证调查方法。通过座谈、访谈、问卷等方法，对武陵山片区政府合作机制的运行状况进行考察。

3. 运用个案分析方法，对武陵山龙山来凤示范区等代表性的区域、酉水河联合保护等有代表性的事件深入分析，从典型个案中透析武陵山片区政府合作机制的问题所在。

4. 采用比较研究方法，研究域外区域政府合作方面的经验，结合我国的实际加以借鉴。

三　主要内容

第一章为导论。本章首先从经济区和行政区两方面对"区域"的含义进行了探讨。经济区与行政区的冲突是区域之间开展合作的前提，区域

---

① 王春业：《区域合作背景下地方联合立法研究》，中国经济出版社 2014 年版，第 8 页。

发展目标主要包括两个方面：一是区域经济的一体化发展，自由大市场形成，资源配置实现最优化；二是区域内公共事务的一体化治理，提高公共事务的解决效率。地方利益是一个群体性概念，实践中通常由地方政府作为地方利益的代言人。从利益冲突的成因上分析，可以分为主观和客观两方面因素。区域内合作各方无法摆脱传统的行政区域治理模式的影响，是导致地方利益冲突的主观因素。区域内合作各方经济发展水平、历史文化传统、自然地理环境等因素，是导致地方利益冲突的客观因素。区域行政规划、区域行政指导、区域行政协议、区域协作立法等构成区域合作中地方利益协调的主要规则体系。实践中某些合作区域的组织机构一体化存在对现有法律框架突破的情形，还需要进一步寻求合宪性、合法性依据。本书将从宪政视角深入探讨区域平等、法治、民族区域自治等宪法原则在区域合作中的运用，突破当前仅仅从公共管理、行政法治等层面构建区域法治理论的局限，为我国区域政府间合作机制提供合宪性与合法性依据；将以武陵山片区的龙凤示范区为样本，全面阐释本书的区域法治理论，为区域法治的未来发展提供新的思考路径。

　　第二章为区域合作中地方利益协调机制之理论基础。我国经济一体化区域的法治建设与其他区域的法治建设有着共同的前提，即都要在现行宪法所确立的国家结构形式、中央与地方关系的框架之下构建区域合作秩序。当然，由于区域发展目标、功能、性质不同，经济一体化区域与其他区域法治建设也存在差异。人民主权原则决定了区域合作各方的人民代表大会应当成为区域合作过程中的利益协商之所、区域合作过程的监督者。权力分立与制约原则在区域合作过程中体现于两个方面：区域合作过程中的权力的横向划分问题——政府与人大的权力划分；区域合作过程中权力的纵向划分问题——中央与地方的权力划分。基本人权原则在区域合作过程中涉及资源的稀缺性与人权保护的限度、所有权产生或变化与私有财产权的保护、自由大市场的形成与人权保护、区域公共政策制定与公民的参与权等问题。在法治原则中，宪法为区域合作规则体系是否良法的根本判断标准。由于地方政府在多大程度上享有自主权，宪法语焉不详。因此，区域合作的空间究竟有多大，一直存在争议。区域法治不能仅仅依靠国家法和国家强制力建构合作秩序，除了运用民间的自生秩序之外，实践中还应当重视那些能够有效规范人们行为但是又没有国家强制力的规则，创建各具特色又适用于本地方的区域合作模式。区域利益协调过程中涉及的规则体系的效力也是一个重要问题。准确认识区域规划、行政协议、区域协作立法等的规范属性和契约属性，才能合理设计其实施机制和纠纷解决机制。区域合作过程中地方利益协调的原则包括两个层面：一是规范地方政府治理行为的原则，即合理划定政府权力与自由市场的界限原则与合理运用政府权力实现公共事务的有效治理原则；二是规范地方政府之间合作的原则，即区域平等原则、自愿协商原则和权责一致原则。

第三章为我国区域合作中地方利益协调的规则体系。本章主要对区域规划、区域行政协议和区域协作立法这三种协调机制进行研究。第一，区域规划。在制定依据上，区域行政规划在法律保留上应适用较为宽松的保留密度，其编制和制定并不必然需要行为法上的依据。因此，即使没有行为法上的依据，也不能简单地认定为违法。在行为属性上，区域规划属于抽象行政行为，至于属于内部行政行为还是外部行政行为，需要具体情况具体分析。从实施机制上，作为内部行政行为，区域规划在行政系统内部发挥重要作用。它们依靠行政机关上下级之间的关系，得以层层落实；作为外部行政行为，在区域合作法治化的背景下，区域规划的制定过程要遵循法律保留原则，实施过程服从依法行政原则。第二，区域行政协议。区域行政协议可以从公法契约的角度进行阐释，也可以从行政规范性文件的角度进行阐释，不过作为公法契约和行政规范性文件的行政协议在法律依据、效力、救济机制等方面存在很大差别。为更好地解决区域行政协议履行过程中出现的纠纷，在订立行政协议的过程中尽可能写明争议解决方式，便于合作各方政府按照公法契约的方式，协商解决问题，实在达不成共识，再参照规范性文件的批准程序，向共同的上级人民政府申请裁决。第三，区域协作立法。区域内地方立法合作地方政府之间合作制定行政规章、地方人民代表大会及其常务委员会之间合作制定地方性法规以及不同民族自治地方人大及其常委会之间合作制定单行条例。当前我国区域合作实践中的立法合作属于协作立法和同步立法。从立法主体上说，是由合作各方人民政府或者人民代表大会及常委会进行立法；从立法的表现形式上说，制定的是地方政府规章或地方性法规（民族自治地方可以协作制定单行条例）；从立法的程序上说，由合作各方之间建立起立法联席会议协商，然后按照地方政府规章和地方性法规的制定程序进行立法；从立法的适用范围上说，合作各方分别通过的地方政府规章或者地方性法规也只适用于本行政区域内，并没有突破现有的立法体系。区域协作立法的深入发展已经引发学界对立法组织机构一体化的讨论，在现有宪政框架下，仅仅从规范属性出发还无法解决区域协作立法决议落实过程中存在的问题，还要着眼于其契约属性。

第四章为我国区域合作中地方利益协调的组织体系。在区域合作过程中，如果经济区域与行政区域在一定程度上重合，行政区的组织机构可以起到地方利益协调的作用。如果经济区域与行政区域并不重合，其利益协调组织体系所面临的问题就要复杂得多。从目前的区域合作实践来看，主要是地方的行政、立法、司法部门之间组成的合作组织，有管理委员会这种正式合作机构，也有联席会议这样制度化程度相对较低的合作组织。比较域外的区域合作利益协调组织体系，欧洲联盟的利益协调组织主要有五个：欧洲理事会、部长理事会、欧盟委员会、欧洲议会和欧洲法院，欧盟委员会也是欧盟的行政执行机构；欧洲议会拥有部分立法、咨询与监督的权力；欧洲法院是欧盟的最高法院，某些情形下负有直接使用欧盟法律的职责，并保证欧盟法律的连贯性和一致性。美国的州际协定有专门委员会对相关问题进行协商。近年来，非正式的州际行政协议数量急剧上升，州际行政协议由州际行政官员联合会负责起草和定期召开会议进行沟通、合作。由地方官员所组成的高峰协会在提供特定类型公共服务的方面取得了显著成效。法国通过设立行政大区来协调区域经济以及地方发展，在市镇层面组建多样化的市镇联合体，实现彼此之间资源共享、互惠互利，还积极发挥中央政府在地方政府合作中的作用。欧洲法院在冲突解决过程中的审查标准和欧盟各机构的立法协调经验可在一定程度上为我国借鉴。结合我国实际，建立跨区域的机构目前没有宪法和法律上的依据，但是美国对于州际协定纠纷的诉讼、仲裁和调解途径可以借鉴。同为单一制国家，法国积极发挥中央在区域合作中的经验值得我国借鉴。当前我国区域合作中的行政协作、立法协作、司法协作日渐频繁起来，但是如果要走组织机构一体化的道路，在当前宪政体制下障碍重重。在区域协作过程中，用行为机制替代组织结构的功能，才是避开组织机构一体化将会遭遇的合法性困境的可行之策。

第五章为武陵山龙凤经济协作示范区地方利益协调机制的探索。龙凤示范区这样的少数民族经济协作区，属于国家扶贫开发协作区，市场体系极不完善，政府这只"看得见的手"在资源的配置中起着重要作用。同时，龙凤示范区又属于民族自治地方，在区域合作过程中，涉及行政区划调整、区域立法权的行使时都存在特殊性。协作双方过于"同质化",合作动力不足,利益争夺频繁。协作措施容易触及我国的民族区域自治制度。从地方利益协调机制上看,既包括上级政府对武陵山龙凤示范区的利益协调机制,又包括龙凤示范区内部的利益协调机制;龙凤示范区内部的利益协调机制又包括县级政府、乡级政府和村与村之间的利益协调机制。上级政府对于整个武陵山片区龙凤示范区的调控主要通过区域规划、行政指导实现。龙凤示范区县级政府之间的利益协调机制主要是以两县党政主要领导为参加者的联席会议。目前乡镇层面合作存在的问题在于自主权有限,龙凤示范区地方政府之间的合作机制对基层农村之间的合作来说并没有产生什么影响。从龙凤示范区区域规划的实施过程可以看到,用行为机制替代组织结构的功能,在当前组织机构一体化缺乏宪法和组织法依据的情形下,是推动区域协作法治化进程的可行之策。对于龙凤示范区的行政协议,一方面可以作为法律规范性文件对待,从法律规范的效力角度寻求效力;另一方面可以作为公法契约对待,从合同的效力理论角度寻求效力。立法协作具有较大的权威性,但是由于各地方人大立法计划难以同步,立法周期较长,不可能成为区域合作经常采用的方式。当前存在的过分依赖行政权威推进区域合作的想法,本书认为缺乏可行性:第一,行政区划的变动在现实中比较困难;第二,实现省级直管有削弱民族自治地方自治权的嫌疑;第三,完全依靠国家支持有违区域合作的目的;第四,区域合作真正的发展动力应当来自合作地区本身。武陵山片区龙山来凤经济协作示范区还存在县城之外的乡镇、村寨之间的非正式合作方式,这些合作方式对完善区域合作机制、探讨民间法与国家法之间的良性互动有着重要意义。要进一步完善地方利益协调机制,还需要考虑大力培育市场机制、规范地方政府行为以及合理运用民族区域自治权。《酉水河保护条例》的制定是区域立法合作的一次成功探索,同时也揭示出区域立法合作进一步发展过程中将会面临的问题。

第二章 区域合作中地方利益协调机制之理论基础

区域合作中地方利益冲突协调是区域法治建设的重要内容，探讨区域合作中地方利益冲突协调机制之理论基础，包括区域法治与法治国家之间的关系、区域合作中地方利益冲突协调的宪政基础和区域合作中地方利益冲突协调的基本原则。

第一节 区域合作中地方利益协调机制与区域法治化

一 区域法治与法治国家

区域合作中地方利益协调机制不是一个孤立的体系，要放到法治国家的大背景之下考虑。"区域法治是国家法治在一定区域内的展开，是根据区域不同的自然环境、经济基础、历史传统、民族习惯等因素实施法治治理，形成具有区域特色的法治运行模式。"① 在一个主权国家范围内，不同区域法治的运动发展不可能是出于互不相关、绝对排斥的状态，因而必定会构成国家法治发展这个 "总体"；同时，各个区域有着不同的自然地理环境、经济发展程度、历史文化传统，区域法治的发展也必然呈现出 "个性"。因此，"主权国家范围内的区域法治发展是一个多样性与统一性有机结合的过程"②。

---

① 张文显：《变革时代区域法治发展的基本共识》，载公丕祥主编《变革时代的区域法治发展》，法律出版社 2014 年版，第 3 页。

② 公丕祥：《区域法治发展的概念意义——一种法哲学方法论上的初步分析》，载公丕祥主编《变革时代的区域法治发展》，法律出版社 2014 年版，第 116 页。

我国幅员辽阔，除了自然区域和行政区域之外，国家基于各种发展战略"自上而下"地划分并推动了很多区域的形成。有学者将当代的区域法治归纳成五种类型。①

1. 国家试点形成的区域法治。即国家为进行某个领域的法治建设，先在国内某些地方确立若干试点单位，并给试点单位以"特权"，试点单位在经过若干制度探索后，则可能形成一种区域法治模式。例如姜堰市人民法院的量刑规范化改革，最终成为全国各地法院学习的典范，并成为最高人民法院制定《人民法院量刑指导意见（试行）》的参照版本。

2. 自主协定形成的区域法治。这是主权国家之间的区域法治的主要类型，并在中国—东盟自由贸易区、欧洲经济区和北美自由贸易区得以集中体现。欧盟就是以欧盟宪法打破了"国家宪法""人民为国家人民"的传统，在建构欧盟煤钢共同体、欧盟原子共同体、欧盟经济共同体的过程中，建构欧洲法律共同体。其成员国让渡部分主权，形成新的法秩序。

3. 民族自治形成的区域法治。民族自治地方因各自具有不同的民族习惯而被法律授予制定变通的民族自治条例等立法权，民族区域自治法的体系以《民族区域自治法》及其"实施细则""自治条例""单行条例""变通规定""补充规定"等专门的民族法规为其体系的基础，以保护少数民族的合法权益，这就在民族区域自治地区形成了民族区域自治法治。

4. 经济特区形成的区域法治。经济特区是中国自实行对外开放政策以来，为发展对外贸易，开展对外经济合作和技术交流，吸引外资，引进技术，在某些地区所划出的实行特殊政策的一定区域。经济特区主要借助于立法自主性来形成一定范围内的区域法治。

5. 国家战略形成的区域法治。以西部大开发战略为例，为将西部大开发纳入依法治国轨道，建立了一系列试验区、示范区，针对犯罪控制、宗教自由、环境保护、农牧业开发、农民权利保障等形成了新的立法、司法与执法模式，即以"西部开发法治"为内核的区域法治。

应该说，上述五种分类有其现实基础。不过，实践中的区域法治往往要复杂得多，有些会具备上述五种中的数种特点。以武陵山片区为例，包

---

① 参见姜涛《区域法治：一个初步的理论探讨》，载公丕祥主编《变革时代的区域法治发展》，法律出版社 2014 年版，第 171—172 页。

括湖北、湖南、重庆、贵州四省市交界地区的 71 个县（市、区），既是国家西部大开发战略的一部分，又是国家的试点区域，武陵山片区区域发展与扶贫攻坚试点工作将为全国其他连片特困地区提供示范。该区域还包括恩施土家族苗族自治州、长阳土家族自治县、五峰土家族自治县、湘西土家族苗族自治州、城步苗族自治县、酉阳土家族自治县、秀山土家族苗族自治县、彭水苗族土家族自治县、石柱土家族自治县、道真仡佬族苗族自治县、务川仡佬族苗族自治县等少数民族自治地方。武陵山片区各省市自主签订各种合作协议，打破传统行政区划的局限，形成新的区域合作秩序。

因此，抽象地探讨区域法治没有意义，必须结合实际，关注"国家法治统一性基础上的区域法治的多样性和国家法治整体性基础上的区域法治发展的个别性"①。

二　经济一体化区域法治化的特点

本书所讨论的区域合作，主要是在区域经济发展和跨区域公共事务治理方面的合作，由此形成的区域法治与其他类型的区域法治既有共性，也有差异。

早在十多年前，一些经济一体化区域就率先提出了区域法治建设的问题。例如，2005 年 5 月，福建、江西、湖南、广东、广西、海南、四川、贵州、云南九省（区）地方税务局通过协商制订的《泛珠三角区域地方税务合作协议》中也提出了"坚持依法治税，强化税收征管，优化征税服务，营造泛珠三角区域法治、公平、文明的税收环境"等有关跨行政区域的区域法治概念。② 2006 年 7 月，辽宁、黑龙江、吉林三省签订了《东北三省立法协作框架协议》，从此开始了我国区域法治中的立法协作；2009 年，北京、天津等五省市签署《环渤海区域政府法制工作交流协作框架协议》。2015 年，北京、天津、河北三省市司法厅（局）联合制订《司法行政工作服务京津冀协同发展框架协议》，在这个宏观框架下，又

---

① 张文显：《变革时代区域法治发展的基本共识》，载公丕祥主编《变革时代的区域法治发展》，法律出版社 2014 年版，第 3 页。

② 丁同民、李宏伟、王运慧：《法治区域构建论——中原经济区法治建设研究》，黑龙江人民出版社 2011 年版，第 45 页。

分别签署了与监狱、法治宣传教育、公证及律师代理重大敏感案件四个方面的合作协议，分别为《京津冀监狱工作协同发展合作协议》《京津冀法治宣传教育工作区域合作协议》《京津冀公证工作协同发展合作协议》以及《京津冀加强律师代理重大敏感案（事）件协调指导工作合作协议》。2016 年 1 月，北京、天津、上海、重庆四个直辖市的文化市场行政执法总队签署了《京津沪渝四直辖市文化市场综合执法合作框架协议》。可以看出，目前我国大部分经济一体化区域都开始在立法、执法、司法等各个层面展开合作，推动区域法治建设。

一些区域合作比较深入的国家在区域法治建设方面也有着比较成功的经验。例如，美国自 19 世纪开始，指导 20 世纪六七十年代的西部开发过程，就是以一系列的法律、法令为重要推动力的，这些法律对促进美国的区域发展起到了纲领性的作用；英国也是一个区域发展差异较为突出的国家，对此，英国政府颁布了多项法律，形成一系列解决区域问题的区域政策；德国更是具有重视解决区域失衡的历史传统，推行均衡发展的区域战略，并将实行均衡发展写进宪法，使德国的区域发展战略具备了坚实的法律基础；日本为了实现全国各地区的经济发展，实施以国土综合平衡发展为目标的地区振兴政策，并为政策的执行提供切实可行的法治环境。① 法国积极发挥中央政府在区域合作中的作用，通过行政措施、行业发展规划或者设立相应的中央机构消除行政区域的局限对资源优化配置的影响，先后成立"国土整治和区域行动评议会""国土整治全国委员会"等常设机构，负责解决地区之间的发展差距问题。②

在国内外不同的法治传统下，区域法治的内涵各有不同。在我国，经济一体化区域的法治建设与其他区域的法治建设有着共同的前提，即都要遵循中国的宪政体制，在现行宪法所确立的国家结构形式、中央与地方关系的框架之下构建区域合作秩序。当然，经济一体化区域与其他区域法治建设也存在差异。

1. 区域发展目标不同决定法治建设的需求不同。本书所讨论的经济一体化区域，发展目标主要包括两个方面：一是实现区域经济的一体化发

① 参见夏锦文《区域法治发展的基础理论研究架构》，载公丕祥主编《变革时代的区域法治发展》，法律出版社 2014 年版，第 31 页。

② 参见汪伟全《地方政府合作》，中央编译出版社 2013 年版，第 80—83 页。

展，推动自由大市场形成，实现资源配置最优化；二是实现区域内公共事务的一体化治理，提高公共事务的解决效率。民族自治区域是为了实现民族平等和各民族的共同繁荣而设立，少数民族自治区域的法治建设侧重于结合当地民族的实际情况，执行或者变通执行国家的法律；经济特区的设立是为了开展对外经济合作和技术交流，吸引外资，引进技术，因此经济特区的法治建设侧重于在对外经济交流中为了特殊的经济目的而采取特殊的政策。经济一体化区域的目标是实现整个区域的协同发展，因此法治建设的需求更侧重区域内法律制度的一体化问题。

2. 区域功能不同决定区域法治建设的权限不同。民族自治是我国基本政治制度，设立少数民族自治地方，是国家为了促进少数民族地区在经济、社会、文化等方面的发展，也是为了保障少数民族的自治权。自治权的范围十分广泛，其中自治立法权是核心，民族自治机关可以行使变通立法权。经济特区基于其对外经济交流的功能，立法权的自主性也较大。但是，经济一体化区域在立法权限上并没有太大的自主空间，在我国单一制的国家结构形式下，不同地方之间也不具备联合立法的权力，因此没有办法通过地方立法来确立区域法治秩序。

3. 区域性质不同决定法治建设的内容不同。民族自治区域作为我国民族政策的载体，其法治建设的内容主要包括：少数民族自治地方自治权的规范行使，接受上级国家机关对民族自治地方的帮助，保障少数民族公民的合法权益等。经济特区作为我国对外经济交往政策的特殊载体，其法治建设的内容主要在于特殊的市场准入条件、招商引资政策等。经济一体化区域是地区经济协同发展政策的载体，因此其法治建设的内容主要是为要素市场和产品市场的一体化、产业结构和产业布局一体化、基础设施和环境保护一体化、城市体系和城市布局一体化等提供法律保障，协调地方之间的利益冲突，实现区域的可持续发展。

第二节　区域合作中地方利益协调机制
之宪政基础

构建区域合作中地方利益协调机制，是区域法治建设的重要内容。区域法治建设必须放到法治国家建设的大背景之下考虑，那么，依宪治国的目标也必定会落实到每一个区域、地方的法治建设之中。因此，本节致力于探讨区域合作中地方利益协调机制之宪政基础。任何一部宪法都不是凭空产生的，人们在制定和实施宪法的过程中必定会遵循一些基本准则。纵观世界各国的宪政实践，人民主权、权力分立与制约、基本人权与法治这四大原则，构成了宪法的内在精神，是现代民主国家宪政体制的基本支柱。因此，这四大原则也是本书讨论区域合作中地方利益冲突协调之宪政基础的切入点。

一 人民主权原则的运用

博丹将主权定义为"不受法律约束的、对公民和臣民进行统治的最高权力"。从博丹创立主权理论以来，主权的归属和是否可以分割的属性就一直存在争议。由于政府的实质在于主权的存在，霍布斯和博丹都认为，不同政体之间的区别只在于主权归属于何者的问题。① 霍布斯将国家定义为这样一个人格："这就是一大群人相互订立信约，每人都对他的行为授权，以便使他能按其认为有利于大家的和平与共同防卫的方式运用全体的力量和手段的一个人格。"承担这一人格的就是主权者。② 而卢梭则认为主权属于"人民"，政府只是代理人。

萨拜因指出，"卢梭的本意认为，'总体意志'的理论会大大降低政府的重要性……卢梭想通过这一点去排除任何形式的代议制政府，因为人民的主权是不能被代表的。因此，惟一的自由政府便是直接民主制，公民在这种制度安排中可以亲自出席城镇会议。至于'总体意志'为什么一定限于这种表现形式，除了因为卢梭对于城邦的向往之外，其他的原因尚不是很清楚。不过有一点是可以肯定的，即他认为人民主权理论缩小了行政部门的权力，但这却是一种幻想。因为虽然'人民'拥有一切权力并拥有一切道德权利和智慧，但是一个法人团体本身却既不可能表达自己的意志，也无法具体实施它"③。因此，有学者认为，"主权"是一个可以分割和分享的概念。它代表了一种政党的自治权利和统治方式。起源于自然状态下的个人自治，随着人类进入文明社会，个人和个人之间达成一种基

---

① 参见［美］乔治·萨拜因《政治学说史》（下卷），［美］托马斯·索尔森修订，邓正来译，上海人民出版社 2010 年版，第 82、151 页。

② ［英］霍布斯：《利维坦》，黎思复、黎廷弼译，杨昌裕校，商务印书馆 1985 年版，第132 页。

③ 同上书，第 283 页。

本契约，将部分主权让渡于他们认为有必要建立的国家，因而和政府分享主权。① 通常所说的"人民主权"不再是指卢梭意义上的"人民"时刻都在控制并行使着神秘的"主权"，而只是指所有具有政治权利的公民参与制宪、创制或复决某些重要法律和措施，定期选举或罢免重要的政治官员之权利；所谓的"政府主权"当然更不可能独享"终极"或"最高"的光环，而只不过是指宪法所规定的权力机关根据人民的授权行使统治权而已。② 根据现代宪法学的主流理论，制宪权已成为国民主权的最重要内涵，也是主权理念的具体化。③ 一般来说，公民不能直接行使国家主权，但是必须在制宪的"宪政时刻"（constitutional moments）出来直接发挥作用。

　　但是，也有学者坚持主权是不可分的，对国家主权和国家权力进行区分。国家权力是可分的，而国家主权却不可分。国家主权作为国家独立自主地处理自己对内对外事务的最高权力，是完整的、不可分割的。霍布斯将主权看作国家的灵魂，认为其性质是"不可转让和不可分割的"，权分则国分，国分则不国。卢梭认为，主权是公意的体现和运用。由于代表主权的意志是一个整体，故主权也是不可分割的，因为"意志要末是公共的，要末不是的"。汉密尔顿则更直接，认为"主权内的主权"是一种"政治上的怪物"。④ 因此，国家主权是国家的本质内容，是国家区别于其他社会团体的特殊属性，是抽象的、完整的、不可分割的。但是，国家权力不等同于国家主权，国家权力所有权就是主权所有权，国家权力行使权就是主权行使权，在代议民主制下，主权的所有者与行使者通常是分开的。主权虽然统一不可分，但是主权权力即最高国家权力行使权却可以而且应该分开。⑤ 国家权力是主权的行使，与主权的所有不同，它是具体的、可操作的，它必须依附一定的机构和人员，通过一定的具体形式而体现，而具体的机构和人员是可分的。所以，没有国家主权的中央与地方区

---

　　① 张千帆：《国家主权与地方自治——中央与地方关系法治化》，中国民主法制出版社2012年版，第17页。

　　② 同上。

　　③ 参见蔡宗珍《国民主权与宪政国家之理论结构》，《月旦法学杂志》1997年第1期。

　　④ ［美］汉密尔顿、杰依、麦迪逊：《联邦党人文集》，程逢如等译，商务印书馆1980年版，第73页。

　　⑤ 童之伟：《国家结构形式论》，武汉大学出版社1997年版，第132—134页。

分之意，只有国家权力的整体与部分分离之说。

主权理论发展至今，无论主张主权可分还是不可分的，都承认一点，主权者直接行使主权在常态下是不现实的，必须由具体的机构和组成人员来行使——无论是分享还是代为行使。这就为代议制的发展提供了充分的理论依据。密尔认为，"显然能够充分满足社会所有要求的唯一政府是全体人民参加的政府；任何参加，即使是参加最小的公共职务也是有益的；这种参加的范围大小应当和社会一般进步程度所允许的范围一样；只有容许所有的人在国家主权中都有一份才是终究可以想望的。但是既然在面积和人口超过一个小市镇的社会里除公共事务的某些极次要的部分外所有的人亲自参加公共事务是不可能的，从而就可得出结论说，一个完善政府的理想类型一定是代议制政府了"①。

随着社会的发展，尤其是第二次世界大战以后，行政权急剧膨胀，议会的权力呈现衰落之势，甚至连英国这样的在宪政传统中尊奉"议会至上"的国家，议会的权力也因为加入欧洲经济联盟而受到限制。尽管如此，代议制仍然是现代民主国家最主要的主权行使方式。在跨国界的区域合作中，合作的各主权国家只是让渡出部分主权，各国议会在区域合作事务中仍然发挥着决定性的作用。我国《宪法》第2条规定，"中华人民共和国的一切权力属于人民"；"人民行使国家权力的机关是全国人民代表大会和地方各级人民代表大会"；"人民依照法律规定，通过各种途径和形式，管理国家事务，管理经济和文化事业，管理社会事务"。全国人民代表大会是我国的最高国家权力机关，地方各级人大是地方国家权力机关。在我国的区域合作中，合作的各地人民代表大会及其常务委员会也当发挥应有的作用。

1. 区域合作各方的人民代表大会应当成为区域合作过程中的利益协商之所。区域合作关系到地方的发展路径和方向问题，具体的区域合作措施会影响当地公民的切身利益，当前我国区域合作进程主要依靠行政力量推动：一般是由国务院批准合作区域的建立，再由合作区域的地方政府制定和落实具体的区域合作措施。诚然，鉴于人大的会期制度，在区域合作过程中，行政力量推动可以更为高效，但是从根本上说，政府只是人民代表大会的执行机构，行政机关的行为模式虽然高效但是难免专断，关系到

---

① ［英］J. S. 密尔：《代议制政府》，汪瑄译，商务印书馆1981年版，第55页。

合作地方公民重大利益的事宜，人民代表大会决定更为合适。正如密尔所说，议会"既是国民的诉苦委员会，又是他们表达意见的大会……在那里，政治家可以远比依据任何其他信号更可靠地弄明白何种意见和力量成分正在发展，何者正在衰退，从而能够在制定措施时不仅注意当前急务而且注意发展中的倾向"①。

2. 区域合作各方的人民代表大会应当成为区域合作过程的监督者。比起直接参与区域合作事务的决策来说，地方各级人民代表大会对区域合作过程中政府行为的监督更为重要。密尔指出，"代议制议会的适当职能不是管理——这是它完全不适合的——而是监督和控制政府：把政府的行为公开出来，迫使其对人们认为有问题的一切行为作出充分的说明和辩解，谴责那些该受责备的行为，并且，如果组成政府的人员滥用职权，或者履行责任的方式同国民的明显舆论相冲突，就将他们撤职，并明白地或事实上任命其后继人"②。地方人民代表大会对区域合作事宜的监督可以通过各种方式展开：听取政府的工作报告，对区域合作过程中制定的各种行政协议进行备案，对区域合作中一些重大项目的实施过程进行监督，对区域合作中出现的重大问题进行调查，等等。

二　权力分立与制约原则的运用

权力分立的观念是政治哲学史上最古老的观念之一。萨拜因指出："混合政体的思想与柏拉图的《法律篇》一般悠久，并被波利比厄斯用来解释罗马政体的所谓稳定。在整个中世纪，有节制的君主制或混合君主制也是人所熟知的观点，而且中世纪的宪政所依凭的实际上就是权力划分，而与新的君主制所主张的主权性权力相区别。在英国，国王与普通法法院之间以及国王与议会之间的争端，使得权力分立有了切切实实的重要性。"③

但是，关于权力分立的观念也有一个漫长的发展过程，"哈林顿曾认为权力分立乃是自由政体的必要条件，而洛克则在其关于议会优先的理论

---

① ［英］J. S. 密尔：《代议制政府》，汪瑄译，商务印书馆1981年版，第80—81页。

② 同上书，第80页。

③ ［美］乔治·萨拜因：《政治学说史》（下卷），［美］托马斯索尔森修订，邓正来译，上海人民出版社2010年版，第245页。

中把权力分立置于仅次于议会优先的地位。但是，混合政体的观念从来就不曾有过明确的含义。它一部分是指不同的社会经济利益集团及阶级参与政治和保持平衡，另一部分则是指社区或城市一类的法人团体分享权力，而只是在很小的程度上意指按照宪法对法律权力进行组织。这一观念最大用处也许在于对极端集权的情形施以某种制约力量，并且在于提醒人们任何一个政治组织如果不以礼让和公平态度对待它的各个组成部分，那么它都将一事无成"①。直到孟德斯鸠才对分权的古老学说进行修正，将权力分立的观念融进体制各组成部分之间的法律制衡系统之中，在他的《论法的精神》中提出立法权、行政权与司法权的分立与制衡。

受分权理论的影响，为了防止国家权力集中带来的腐败的专制，但凡实施宪政的国家都采取了复杂的分权体制。一方面是立法权、行政权与司法权的横向分权，另一方面是国家的整体与部分、中央与地方之间的纵向分权。

1. 区域合作过程中的权力的横向划分问题——政府与人大的权力划分

关于我国地方各级人民代表大会和地方各级政府的权力，宪法有明确的规定。根据《宪法》第 99 条的规定，"地方各级人民代表大会在本行政区域内，保证宪法、法律、行政法规的遵守和执行；依照法律规定的权限，通过和发布决议，审查和决定地方的经济建设、文化建设和公共事业建设的计划"；"县级以上的地方各级人民代表大会审查和批准本行政区域内的国民经济和社会发展计划、预算以及它们的执行情况的报告；有权改变或者撤销本级人民代表大会常务委员会不适当的决定"；《宪法》第 107 条规定，"县级以上地方各级人民政府依照法律规定的权限，管理本行政区域内的经济、教育、科学、文化、卫生、体育事业、城乡建设事业和财政、民政、公安、民族事务、司法行政、监察、计划生育等行政工作，发布决定和命令，任免、培训、考核和奖惩行政工作人员"。

区域合作过程中权力的合理划分有利于防止权力的滥用和专断。正如洛克所说："如果同一批人既拥有制定法律的权力又拥有执行法律的权力，那样就会给人们的弱点太大的诱惑，使人民往往急于攫取权力。他们

① ［美］乔治·萨拜因：《政治学说史》（下卷），［美］托马斯索尔森修订，邓正来译，上海人民出版社 2010 年版，第 245 页。

就可以依仗那种权力使自己免于服从他们自己制定的法律，并且在制定和执行法律时，使法律适合于他们自己的私人利益，因此开始有不同于其他社会成员的利益，违背了社会和政府的目的。"① 因此，在组织完善的国家、制定法律之后，立法机关的成员就会被分开，使他们自己也受制于法律。"但是，由于那些在短期内一次制定的法律具有长期持续的效力，需要经常予以执行和关注，因此就需要有一个长期存在的权力，负责执行所制定的并且持续有效的法律，所以立法权和执行权往往是分开的。"② 在区域合作过程中，政策的制定和执行如果是同一批人，那么这个权力就难免被滥用或者陷于专断。因此，在区域合作组织的构建及权力配置过程中，必须考虑权力对权力的制约问题。

区域合作过程中权力的合理划分有利于合作组织各司其职。人民代表大会由民选的代表组成，根据民主原则商议和决定本地区的事务。而行政分支的组成人员除了主要领导由人大选举或任命之外，其余均通过考任、调任、聘任等方式进入，强调专业性和行政效率。洛克曾说："人民政体中的好政府的一个最重要的原则是，任何行政官员都不应根据人民的选举来任命，即既不根据人民的投票也不根据他们的代表的投票来任命。政府的全部工作都是要专门技术的职务；完成这种职务需要具备特殊的专业性条件，只有多少具备这些条件或者具有这方面的经验的人才能对这种条件作出适当的评价。"③ 按照现代的公务员制度，虽然并不是所有的政府人员未经选举产生，但是大部分非领导职务的公务员、业务类公务员，的确都不是民主选举产生。民主与效率，不同的权力分支有着不同的价值追求，其权力行使也具有不同的特点。在区域合作过程中，合理地划分权力，有利于各部门各司其职，促进区域合作进程的发展。

2. 区域合作过程中权力的纵向划分问题——中央与地方的权力划分

在国家的整体与部分关系上，主要有联邦制和单一制两种国家结构形式。美国在中央与地方各组成部分之间坚持联邦主义，美国联邦宪法第1—4条对联邦和各州的权力做了划分。我国在中央和地方关系上坚持中

①　[英] 约翰·洛克：《政府论两篇》，赵伯英译，来鲁宁校，陕西人民出版社 2004 年版，第 213 页。

②　同上。

③　同上书，第 195 页。

央集权。但是，随着国家政治实践的发展，也已经突破传统的单一制国家结构形式。中国特色的单一制主要包括三种模式：一是中央与普通行政区域关系模式；二是中央与民族区域自治地方关系模式；三是中央与特别行政区关系模式。童之伟教授认为中央与民族区域自治地方关系模式是中国特色单一制基本模式的改进模式，中央与特别行政区关系模式是中国特色单一制基本模式的补充模式。

中央与民族区域自治地方关系模式之所以为改进模式，理由有两个：一是因为它并不是同相对单纯地体现民主集中制原则的我国单一制基本实践模式有根本区别的东西，而是保留了其全部内容并且以其为基础的；二是它在原有的基础上增加了体现民族平等、团结和共同繁荣原则的新内容。这些新内容主要是民族区域自治地方自治机关在人事和人才培养、自治条例和单行条例制定、财政、组织本地公安部队、安排和管理地方性经济建设事业和本期度文化教育事业等方面的自治权。①

中央与特别行政区的关系模式与基本实践模式和改进模式都有着实质性的区别，中央与特别行政区的关系模式不是应用民主集中制原则的结果，而是应用的"一国两制"方针。"'一个国家'从国家结构形式的角度看表现为国家主权统一原则，它表明特别行政区是中华人民共和国不可分离的部分，是单一制下的地方行政区域，中央与特别行政区的关系是单一制下中央与地方的关系，特别行政区只能由最高国家权力机关通过法律程序设置，它享有的自治权都是国家授予的，必须受中央人民政府管辖。而'两种制度'则具体表现为高度自治原则。"② 高度自治的权力具体包括行政管理权、立法权、独立的司法权和终审权。

就本书所讨论的经济一体化区域而言，在实践中与其他普通行政区相比，所受的政策限制可能要少一些。一个区域若是被设立为国家级综合配套改革试验区，在金融、土地、税收、财政等方面的政策环境可能会大大改善，地方会有更多自主性。但是，中央掌控资源配置权限、自上而下配置资源的体制并没有改变。中央与地方关系并未突破民主集中制原则，与一般行政区的中央与地方关系并无二致。因此，在区域合作过程中，要遵循一般行政区的中央与地方关系原则。

---

① 童之伟：《国家结构形式论》，北京大学出版社 2015 年版，第 416—419 页。
② 同上书，第 419—420 页。

概括来说，划分中央与地方权限时，主要遵循以下基本原则。

（1）遵循中央的统一领导。我国《宪法》第3条规定："中央和地方的国家机构职权的划分，遵循在中央的统一领导下，充分发挥地方的主动性、积极性的原则。"

（2）维护社会主义法制统一。我国是单一制国家，中央与地方遵循同一套法律体系，地方权力的行使应当按照法定的权限和程序，维护地方利益的同时也不违背国家整体利益，维护社会主义法制的统一。

（3）充分调动地方的主动性和积极性。2015年《立法法》修订之后，地方立法权更是大规模下放。省、直辖市、自治区、经济特区、设区的市、自治州的人民代表大会及其常务委员会根据本行政区域的具体情况，在不同宪法、法律、行政法规相抵触的情况下，可以制定地方性法规。

我国中央对地方进行控制的主要机关是执政党中央组织和国家行政机关，控制方式主要是行政手段，也有其他非规范手段。关于全国人大与省级人大的关系，彭真说过，"全国人大常委会对省级人大常委会，是法律监督的关系，不是领导关系，有些方面有指导作用，有些方面是工作关系"①。上级国家权力机关对下级国家权力机关的控制主要通过两种方式：一是监督宪法和法律的实施，审查与撤销与宪法、法律相抵触的规范性文件；二是通过计划和预算监督。在行政机关这一分支，国家行政机关与地方行政机关的机构和部门设置上下一致，同时，中央和地方各级党组织都设立与各级政府部门相对应的"对口部"。可见，"中国国家中央与地方的集权是法内制度和法外制度结合的产物。随着改革深入，尤其是分税制的实现及宏观调控体系的初步建成，中央对地方的控制相对减弱了，控制方式由过去的行政手段、政党控制转为更多地利用法律手段和经济手段间接调控"②。在一般行政区，包括实行经济一体化的区域，地方立法应当遵循以下原则。

第一，地方立法不得与宪法、法律和行政法规相抵触。《宪法》第5

---

① 王汉斌：《彭真同志对我国社会主义民主与法制建设的卓越贡献》，《民主与法制》1997年第22期。

② 魏红英：《宪政架构下的地方政府模式研究》，中国社会科学出版社2004年版，第131页。

条规定，国家维护社会主义法制的统一和尊严，一切法律、行政法规和地方性法规都不得同宪法相抵触；《中华人民共和国地方各级人民代表大会和地方各级人民政府组织法》第 7 条规定，省、自治区、直辖市的人大制定和颁布地方性法规不得同宪法、法律、行政法规相抵触。《宪法》第 67 条第八款规定，全国人大常委会有权撤销省、自治区、直辖市国家权力机关制定的同宪法、法律和行政法规相抵触的地方性法规和决议。

第二，地方立法必须要有依据。一是有上位法依据，二是依据本行政区的实际情况和实际需要。《立法法》第 72 条第二款规定："设区的市的人民代表大会及其常务委员会根据本市的具体情况和实际需要，在不同宪法、法律、行政法规和本省、自治区的地方性法规相抵触的前提下，可以对城乡建设与管理、环境保护、历史文化保护等方面的事项制定地方性法规，法律对设区的市制定地方性法规的事项另有规定的，从其规定。根据《立法法》第 8 条、第 73 条第二款规定，下列事项不属于地方立法的权限范围：（1）国家主权的事项；（2）各级人民代表大会、人民政府、人民法院和人民检察院的产生、组织和职权；（3）民族区域自治制度、特别行政区制度、基层群众自治制度；（4）犯罪和刑罚；（5）对公民政治权利的剥夺、限制人身自由的强制措施和处罚；（6）税种的设立、税率的确定和税收征收管理等税收基本制度；（7）对非国有财产的征收、征用；（8）民事基本制度；（9）基本经济制度以及财政、海关、金融和外贸的基本制度；（10）诉讼和仲裁制度。其他事项国家尚未制定法律或者行政法规的，省、自治区、直辖市和设区的市、自治州根据本地方的具体情况和实际需要，可以先制定地方性法规。在国家制定的法律或者行政法规生效后，地方性法规同法律或者行政法规相抵触的规定无效，制定机关应当及时予以修改或者废止。

第三，必须向上级备案或者报批。备案或者报批程序是对地方立法实行监督的程序。根据《宪法》第 100 条的规定，省、直辖市的人民代表大会和它们的常务委员会，在不同宪法、法律、行政法规相抵触的前提下，可以制定地方性法规，报全国人民代表大会常务委员会备案。《立法法》第 72 条第二款规定，设区的市的地方性法规须报省、自治区的人民代表大会常务委员会批准后施行。省、自治区的人民代表大会常务委员会对报请批准的地方性法规，应当对其合法性进行审查，同宪法、法律、行政法规和本省、自治区的地方性法规不抵触的，应当在四个月内予以批准。

总体来说，我国的地方政府具有双重身份：地方政府既是同级国家权力机关的执行机关，又是地方国家行政机关。作为同级国家权力机关的执行机关，地方政府由同级人民代表大会产生，向同级人大负责并报告工作。作为地方国家行政机关，地方政府又接受国务院和上一级政府的统一领导。地方政府的双重身份，可以提高行政效率，有利于中央集权，但是不利于地方主动性的发挥。这一点给经济一体化区域地方政府之间的合作带来了诸多困难。

三　基本人权原则的运用

简单来说，人权就是人之作为人应当享有的权利。在西方，人权的古典根源可以追溯到古希腊和古罗马的政治法律思想，文艺复兴之后人权观念得以迅速传播。第二次世界大战以后，人权观念得到系统阐释。被马克思誉为世界上第一个人权宣言的是美国的《独立宣言》，《独立宣言》宣布："我们认为下列真理是不证自明的，即所有人都生来平等，造物主赋予他们认某些不可剥夺的权利，其中包括生命、自由以及对幸福的追求。为了保障这些权利，政府组建于人们中间，并从被统治者的同意中获得其公正的权力。"[1] 尽管人权原则在世界各国宪法中有着不同的规定方式，但是，保障人权是所有民主国家宪制的根本目的。列宁也说，"宪法就是一张写着人民权利的纸"。[2] 我国《宪法》专章规定了公民的基本权利。

区域合作过程所涉及人权的内容十分广泛，限于篇幅，本节重点讨论经济领域涉及的权利保护问题。本书探讨的区域合作，主要是区域之间的经济合作，经济合作过程中的资源配置、所有权转移、市场分工与交换以及区域公共政策的制定，都与区域人权保护密切相关。

1. 资源的稀缺性与人权保护的限度

经济活动的出发点和根本目的是获取资源，而资源却具有稀缺性。如何实现更高效率地配置资源，是区域合作中地方政府必须考虑的问题。人权保护需要成本，经济活动也需要成本，在资源稀缺的前提下，政府不同的考虑会导致不同方向的投入。如果一味追求经济效益，就会导致人权保

---

① 张千帆：《宪法学导论》，法律出版社 2004 年版，第 74 页。
② 《列宁全集》第 12 卷，人民出版社 1987 年版，第 50 页。

护的不力。例如，同一块土地，既可用于公共基础设施的建设，也可用于商业活动场所的建设，那么资源的稀缺就会导致经济与人权互为机会成本。我国《宪法》第 33 条第三款规定，国家尊重和保护人权。但是，人权保护的限度在宪法上却是一个语焉不详的问题。我国作为缔约国之一的《经济、社会和文化权利国际公约》第 2 条规定："每一缔约国家承担尽最大能力个别采取步骤或经由国际援助和合作，特别是经济和技术方面的援助和合作，采取步骤，以便用一切适当方法，尤其包括用立法方法，逐渐达到本公约中所承认的权利的充分实现。"由于各缔约国经济发展水平不同，对权利保护能力有差异，因此公约允许各国"尽最大能力"（to the maximum of its available resource）保护人权。但是，委员会也指出，"人权的实现不能仅以其他发展的副产品或者偶然结果的方式来达到，无论这种发展如何积极"，而且国内经济情况的恶化并不能解除国家的公约义务，"即使当可用资源严重不足，缔约国仍负有义务在这种情况下努力保障有关权利最大可能的享有"①。

2. 所有权产生或变化与私有财产权的保护

经济活动的过程实质上就是所有权产生或者发生变化的过程。所有权是一种最完整的物权，具有绝对性、排他性和永久性的特点。"所有权的绝对性能够使所有者充分参与市场，考虑合适的对价并自由地实现交换；排他性使得所有者用于交换或者出让的标的物是其他所有者所需要的资源或者商品，交换所换取的对象标的物则是自己缺少的资源或商品，这使所有人的福利得到提升；所有权的永久性则确保了交换的持续进行。"② 如果政府不尊重个人对财产的所有权，整个市场的交易安全也会出现问题。个人的所有权在宪法中表现为私有财产权。2004 年的宪法修正案将我国《宪法》第 13 条修改为，"公民的合法的私有财产不受侵犯"，"国家依照法律规定保护公民的私有财产权和继承权"，"国家为了公共利益的需要，可以依照法律规定对公民的私有财产实行征收或者征用并给予补偿"。在区域合作过程中，对私有财产权造成严重威胁的就是土地和房屋的征收、征用：一方面是征收、征用的前提条件，宪法和法律规定必须基于公共利益的需要，但在实践中公共利益的外延过于宽泛，如何辨别公共利益，是

---

① 参见白桂梅《人权法学》，北京大学出版社 2011 年版，第 285 页。

② 白桂梅：《人权法学》，北京大学出版社 2011 年版，第 286 页。

司法实践中的一个难题；另一方面是征收、征用一定要遵循正当法律程序，实践中征收、征用机关的权限、采取的方式、补偿、法律救济途径等方面，都需要进一步完善。

3. 自由大市场的形成与人权保护

在传统的行政区模式下，市场被割裂开，不利于产品和生产要素的流动与合理配置。区域经济一体化模式的展开，就是要在地域上较接近地区之间，按照区域总体发展的目标，通过合理分工，在区域内重新进行资源的优化配置，在更大范围内形成自由市场，减少行政割据对市场的干扰。市场经济是法治经济，正如有学者指出："区域经济一体化的过程，就是分工和专业化生产不断深化的过程，是资本、技术、人才等各要素更多地受到市场因素支配而自由流动的过程，是社会保障、公共财政、法律框架等实行政策均一化的过程。"① 《宪法》第42条规定，"中华人民共和国公民有劳动的权利和义务"，"国家通过各种途径，创造劳动就业条件，加强劳动保护，改善劳动条件，并在发展生产的基础上，提高劳动报酬和福利待遇"。第45条规定："中华人民共和国公民在年老、疾病或者丧失劳动能力的情况下，有从国家和社会获得物质帮助的权利。国家发展为公民享受这些权利所需要的社会保险、社会救济和医疗卫生事业。"在区域合作过程中，不能以牺牲劳动者的权利、公民的健康权、自然资源方面的权利、社会保障方面的权利为代价追求经济利益。

4. 区域公共政策制定与公民的参与权

就区域法治建设与公民关系而言，有学者认为存在公民萎缩型和公民参与型两种基本类型，"前者意味着公共事务的处理方式和公共问题的解决办法由国家单方面酝酿和选择，随后国家以法律和命令的形式强制公民遵守，公民没有其他选择；而后者则意味着公民主导着法治建设进程，国家只是进行必要的指导和智力支持。当公共问题出现以后，公民便开始以各种组织形式搜集信息、商议对策、相互谈判，这一系列活动之后，才将自己的决策方案交给国家去执行"②。应该说，这是两种比较极端的类型，现代法治国家，公民与国家之间的关系大多介于二者之间。

---

① 王春业：《我国经济区域法制一体化研究》，人民出版社2010年版，第30页。
② 姜涛：《区域法治：一个初步的理论探讨》，载公丕祥主编《变革时代的区域法治发展》，法律出版社2014年版，第177—178页。

我国《宪法》没有明确规定公民的参与权，但是在第 41 条规定，"中华人民共和国公民对于任何国家机关和国家工作人员，有提出批评和建议的权利"。对国家机关及其工作人员实施监督，必然要以知情权和参与权为前提。《公民权利和政治权利国际公约》第 25 条规定，每个公民都有下列权利和机会：（甲）直接或通过自由选择的代表参与公共事务；（乙）在真正的定期的选举中选举和被选举，这种选举应是普遍的和平等的并以无记名投票方式进行，以保证选举人的意志的自由表达；（丙）在一般的平等的条件下，参加本国公务。参加本国公共事务的范围，人权委员会第 25 号一般性意见指出：第 25 条第（甲）项提出的公共事务是一个广泛的概念，涉及行使政治权利，特别是行使立法、行政和管理权利。它包括公共行政的各个方面和国际、国家、区域和地方各级政策的拟定和执行。权利的分配和公民个人行使第 25 条保护的参与公共事务的权利的途径应由宪法和其他法律规定。这种直接参与的权利得到第（乙）项的支持，公民还可以通过公民投票或第（乙）项进行的其他选举程序选择或修改其宪法或决定公共问题来直接参与公共事务。中国政府于 1998 年10 月 5 日在纽约联合国总部签署了《公民权利和政治权利国际公约》，目前正在积极推动公约的批准。

区域合作不仅是政府之间的事情，还涉及区域内全体公民的利益，因此区域规划、行政协议、区域协作立法以及其他重大公共政策的作出都应当保障公民的广泛参与。除了完善选举制度和人民代表大会制度，保障公民通过选举代表参加区域公共事务之外，还要通过各种听证制度、咨询制度、公示制度，保障利害关系人的知情权和直接参与权。同时，还要提高政府信息公开的程度，以公民的知情权作为其有效参与公共事务的基础。

四　法治原则的运用

西方的法治理论最早萌芽出自柏拉图的名篇《法律篇》，"服从法律的统治"是其观点的核心。后来柏拉图的学生亚里士多德发展了这一思想，在《政治学》一书中提出法治的两层含义，"已成立的法律获得普遍的服从，而大家所服从的法律又应该本身是制定得良好的法律"①。

---

① ［古希腊］亚里士多德：《政治学》，吴寿彭译，商务印书馆 1965 年版，第 199 页。

（一）何为"良法"

要实现良法之治，首先要解决的问题就是：何为良法？以宪法为根本大法的立法机关制定的整个国家法规则体系，是我们通常所说的"法律"。相应地，对社会自发产生的规则体系，我们称为"民间法"。从保障规则实施的力量是否为国家强制力的角度，又存在"软法"与"硬法"之分。

1. 宪法为区域合作规则体系是否良法的根本判断标准

在当代宪政国家，宪法就是判断良法的标准，是国家的根本法，是一切国家机关和个人的行为准则。在一个国家范围内，区域合作的空间究竟有多大，在很大程度上也取决于宪法的规定。

我国现行宪法对中央与地方权力划分的明确规定体现在第 3 条第四款，即"中央和地方的国家机构职权的划分，遵循在中央的统一领导下，充分发挥地方的主动性、积极性的原则"。对于地方自治制度，宪法仅在民族区域自治制度和基层群众自治制度中有所规定，对于除上述自治区域以及特别行政区之外的其他区域，在多大程度上享有地方自主权，宪法语焉不详。基于单一制国家的特点，地方各级人民代表大会是地方国家权力机关，地方各级人民政府是地方国家行政机关，地方应当遵循中央的统一领导，并且只能在自己的行政区域内行使职权。因此，区域合作的空间究竟有多大，一直存在争议。

有人认为，宪法虽然没有明确规定中央与地方的权限划分，"但若将之置于以人性尊严和个人基本价值为中心的公民基本权利和义务一章的法治精神之下，并结合《宪法》第三章第五节地方各级人民代表大会和地方各级政府均被赋予不同程度管理本地区自主权的相关规定，及后来被视为中央与地方关系宪法精神之延续的《立法法》内容来看，我国在中央和地方的关系上，尽管以民主集中制为原则，实行中央集权，但并不意味着抹杀地方的特殊性和相对独立性，而将一切社会生活领域都交由中央统筹管理，相反在现行的宪政架构中甚至已包含了地方自治、地方分权、权力下放等结构性安排"①。但是，笔者认为，地方自治、地方分权与权力下放是完全不同的概念，以"人性尊严和个人基本价值"或者《宪法》

---

① 陈丹：《我国区域法制协调发展的若干宪法问题思考》，《云南大学学报》2008 年第 4 期。

《立法法》的相关规定上看，中央与地方的确存在分权，中央权力的下放也是事实，但是对于一般的行政区域来说，在多大程度上存在"地方自治"还值得商榷。对于地方自治权的本质，虽然有承认说（自治权源自国家之承认）、固有权说（自治权乃地方自治团体固有之权限）、制度保障说（自治权是宪法所保障之制度）、人民主权说（基于人民主权原理，权力划分应遵循"地方优先、国民补充"之原则）等各种学说，① 但是从我国宪法文本和宪政实践看，除民族自治区域、基层群众自治、特别行政区之外，一般地方政府并没有受到明确保障的自治空间。当然，"许多事实表明，近代以来，资本主义国家也好，社会主义国家也好，全国性政府集权的趋势与区域性政府分权、自治的趋势是并存的"②。而且从社会发展的基本趋势上看，国家权力行使权在国家机构体系内纵向配置的重心会从全国性政府向区域性政府下移。但是，"由于社会经济发展的阶段性差别，不同阶段的社会经济生活内容对国家权力行使纵向配置状态的要求是不一样的，甚至在同一阶段的不同时期也有很大差别"③。作为国家的根本法，"宪法通常表现为一个以公民的名义，划分或配置社会的全部'权'，尤其是其中法定之权的总方案"④。因此，笔者认为，一定社会发展阶段，地方享有多大的自治权，只能以当时的宪法文本作为依据，不能仅仅从理论上进行推定。当然，法治国家的基本理念也应当包含于宪法的基本精神之中。根据法治国家的基本原理，宪法所包含的法治原则至少包括以下几个方面。

第一，宪法至上。宪法是国家的最高法律，其他法律、法规不得与之相抵触，一切机关、组织和个人都必须以宪法作为根本的活动准则。区域合作过程中涉及的区域规划、行政协议、协作立法，不得与宪法相抵触。尤其是2015年《立法法》修订之后，地方立法权大规模下放，对于地方立法的监督机制应当同时完善，相应的违法、违宪审查机制应当真正发挥作用。

第二，法律面前人人平等。平等在宪法中既是一项基本原则，又是一

---

① 参见蔡茂寅《地方自治立法权的界限》，载台湾行政法学会学术研讨会论文集（1999），元照出版有限公司2001年版，第333页。
② 童之伟：《法权与宪政》，山东人民出版社2001年版，第327页。
③ 同上书，第328页。
④ 《中国大百科全书：法学》（修订版），中国大百科全书出版社2006年版，第545页。

项基本权利。区域合作过程中，地方发布的规范性文件、命令，不得对公民造成不合理的差别对待，在市场准入条件方面、税收、融资、土地政策等方面，不应当有区别对待，阻碍自由大市场的形成。地区之间经济状况存在差异，但是，在同一个地方，公民所享有的公共服务应当均等。同时，国家所采取的区域发展政策，对该区域的公民权利也会产生影响，因此也要接受宪法上平等原则的检视。如果是为了拉平不同区域之间的发展差异，对不同区域采取不同的优惠政策，在目的上具有正当性，但是对采取优惠措施的幅度、期限和所达到的效果必须谨慎评估，确保手段上的合理性。

第三，正当法律程序。根据古老的自然正义原则，任何人不得做自己的法官；未经正当法律程序，不得剥夺任何人的权利和自由。公民在遭受不利处分之前，应当为之提供公正的听证或者其他听取意见的机会。在区域合作过程中，区域合作措施大多是行政机关作出，无论是行政协议，还是政府联席会议纪要、行政命令，都应当遵循正当程序。行政机关实施任何行政行为，参与官员如果与该行为有利害关系，或者有偏见，应当立即回避。行政规范性文件要遵循正当程序制定，对于关系到合作区域以及合作区域公民重大利益的合作措施，作出之前应当举行听证、邀请专家论证以及保障相关利害关系人的参与。

第四，权力法定。国家机关的职权由宪法和法律授予，其权力必须依法行使。由于我国宪法和法律对区域合作问题规范的缺位，在区域合作实践中，各地方政府大量地行使行政裁量权。随着社会管理事务的日渐复杂，行政裁量权对于行政主体来说已是必不可少，因此，规范行政裁量的运行，也成为现代法治国家一个重要的课题。在区域合作过程中，合作组织的设立、合作决议的实施、合作各方利益的协调，都必须遵循当前的宪政体制。

2. 区域法治规则治理的另外两个维度

（1）重视民间法的规范作用

一般而言，法治产生机制认识上有两种进路：一是衍化生成论传统，这以斯密、门格尔、哈耶克、诺齐克等为代表；一是以康芒斯为代表的集体行动控制个体行动的传统。"现代法治国家如果没有内生于社会生活的自发秩序，没有民众对于法律的信仰，没有国家政策的牵引作用，国家法就不仅缺乏普遍实施的动力和利益机制，而且很难形成被民众认同的正当秩序与制度效应,立足于国家法所构建的法治秩序也难以彻底实现。"①
因此,国家法律构成的法治秩序与社会自身生成的秩序之间,应当形成良
性合作关系。我国地大物博,又是多民族国家,不同区域之间在经济、社
会、文化传统等方面都存在差异。由于区域协作的影响力不仅在省级城
市,还包括县级市、乡镇、村。一般来说,越到基层,民俗与习惯等形成
的"自生秩序"影响越大,国家法的影响力相对变小。

作为"地方性知识"的表现形式之一,民俗习惯的区域性特征是十
分明显的,所谓"千里不同风,百里不同俗"即是深刻认识这一重要特
征,可以使我们对于区域法治发展的文化机理之认识与把握更为清醒而
透彻。

公丕祥教授指出,作为文化小传统的民俗习惯之于区域法治进程的影
响机理主要表现在以下三个方面。②

第一,民俗习惯乃是一种生活样式,构成了区域法治发展进程的重要
社会渊源。在社会演进过程中,民俗习惯和社会的生存与发展条件紧密地
结合在一起,表现为历史性的具体的个别化的文化积淀,成为社会成员依
恋甚或崇拜的对象。这种具体的个别化的民俗习惯并不是任意积累而成
的,也不是一连串偶然的任性的选择行动的产物,而是经历了历史时间的
长久流传的必然性的历史后果,它与特定社会的有机体内在地融为一体。
遵从民俗习惯,不仅是该社会的社会成员行为准则,而且成为他们的基本
生活态度和生活样式。我们考察推进区域法治发展的路径选择问题,一个
基本的要求就是要注意把握民俗习惯的发展样式意义及其对区域法治发展
的社会渊源性影响。

第二,民俗习惯乃是一种"集体意识",构成了区域法治发展的社会
精神纽结。而民俗习惯则通过特定社会成员的普遍认同与遵行的方式,表
达了集体意识的内在力量,展示了集体情感的固有特性,为社会成员的行
为提供了一定的样式,指明了一定的方向。所以,研究区域法治发展的文
化意义,就必须深入探讨作为集体意识表现形式的民俗习惯在维系区域社
会共同体关系中的社会精神纽结意义与功能,进而阐释文化小传统对于推

---

① 姜涛:《区域法治:一个初步的理论探讨》,载公丕祥主编《变革时代的区域法治发
展》,法律出版社 2014 年版,第 177 页。

② 参见公丕祥《区域法治发展与文化传统》,《法律科学》2014 年第 5 期。

动区域法治发展的重要作用机理。

第三，民俗习惯乃是一种调整机制，构成了区域法治发展进程的功能性的社会调节力量。社会调整体系是多样繁复的，其中民俗习惯是一个相对独立的社会规范调整机制。在传统社会，民俗习惯的调整功能居于相当重要的地位，早期立法活动的基础主要是民俗习惯。在推进区域法治发展的时代进程中，我们确有必要找寻民俗习惯进入区域社会治理体系建构的适当途径，充分发挥民俗习惯的区域性社会调整与规制职能，以与国家成文法在区域范围内的施行形成相辅相成的互动格局，切实提高区域社会治理的成效。

由民间自发的合作，主要依靠当地的民俗习惯约束，即民间法调整，在形式上虽然不具国家法意义上的规范性，但其与合作各方的利益与意愿相一致，在实践中更能顺利推行。我们在构建区域合作模式的时候，应当关注到民间合作模式的价值所在。正如吉尔兹所言，"正是这种想象的，或者建设性的，或者解释性的能力，一种根植于文化的集体智慧而非个人的单独智能的能力（我觉得这种实行，无论如何在实质上，到处都是大多如此；我很怀疑真会有法律先天因子存在），在我看来，才是法律，或者司法正义，或者辩论术，或者司法裁决之比较研究应该认真给予注意的"①。作为"地方性知识"的民俗习惯，是区域合作发展的文化根基和影响因素，从国家法的意义上构建区域合作机制必须予以重视。

当然，民间自发的合作模式也存在局限性。与政府主导的（国家法层面）的合作模式的效力自上而下的"递减"效应正好相反，在以村为单位这种较小的地域范围内，民俗习惯能够较好地发挥作用，随着地域范围和人口流动性的增加，民众如果不能有效组织起来或者建立起基本的信任，失去原来"熟人社会"的根基，在形式上又不具有规范性的民间合作方式也会失去效用。正如哈特所说："很明显地，只有因血缘、共同情感和信念而紧密结合，并处于稳定环境的小型社群，始能成功地依赖此种非官方规则的体制而生活。在任何其他条件下，其结果必定会证实这样一

① ［美］克利福德·吉尔兹：《地方性知识：阐释人类学论文集》，王海龙、张家瑄译，中央编译出版社 2004 年版，第 272—273 页。

种简单形式的社会控制是有缺陷的，并且有必要以不同的方式做补充。"①
因此，民俗习惯要在区域合作中发挥更大的作用，需要类似哈特称为
"承认规则"（a rule of recognition）的规则加以补救，以确立其权威性。②

国家法意义上的合作模式与民间法意义上的民间合作模式相互补充、
相互影响，对于区域法治的发展而言具有重要意义。因为"法律是地方
性知识，而不是地方性无关的原则，并且法律对社会生活来说是建设性
的，而不是反映性的，或者无论如何不只是反映性的……"③ 吸取了区域
"本土"文化的规则（具有规范意义的合作模式），才能获得生命力，才
能真正解决区域合作中产生的问题。

（2）重视"软法"之治

如果说"民间法"是与"国家法"相对应的概念，反映社会自生规
则形成的法治秩序与国家制定法形成的法治秩序的区别，那么"软法"
就是与"硬法"相对应的概念，反映不用国家强制力保障实施的规则和
由国家强制力保障实施的规则之间的差异。罗豪才教授认为，"软法是指
称许多法现象，这些法现象有一个共同特征，就是作为一种事实上存在
的有效约束人们行动的行为规则，它们的实施未必依赖于国家强制力的
保障"④。

软法与民间法处于不同的认识维度，也即二者的问题意识不同。沈岿
教授指出："民间法概念之所以被创造出来，主要是为了探讨统一的国家
法如何才能在具有丰富地方性的草根基层得以实现，国家法如果遭遇早已
积淀的民间习惯法，会发生什么问题，国家法是否有必要或若有必要如何
吸收民间法等问题。由于受工业化、城市化情境下法律移植的影响，国家
法在中国向基层、乡村的推进，实际带有工业、城市和西方文化'殖民
主义'的色彩。而民间法的研究意在关注这个注定充满冲突、阵痛的过
程。"⑤ 可见，与"民间法"相对应的是"国家法"。然而，"软法概念在

---

① ［英］H. L. A. 哈特：《法律的概念》，许家馨、李冠宜译，法律出版社 2006 年版，第
87 页。

② 同上书，第 90 页。

③ ［美］克利福德·吉尔兹：《地方性知识：阐释人类学论文集》，王海龙、张家瑄译，中
央编译出版社 2004 年版，第 277 页。

④ 罗豪才等：《软法与公共治理》，北京大学出版社 2006 年版，第 6 页。

⑤ 沈岿：《为什么是软法而不是民间法》，《人民法治》2016 年第 2 期。

国内法领域的兴起，就不是关注现代与传统的碰撞，而是在公共治理理论引领之下，关注国家与其他社会共同体（商业和非商业的组织）的合作、互动，关注多元主体在国家制定认可的强制法之外，如何形成有助于公共善（public good）实现的规则"①。由于二者的问题意识不同，两个概念的内涵不同，外延也在一定程度上存在交叉。国家法律中那些不具强制力的规范属于"软法"，国家之外的其他社会共同体制定的软法，包括社区章程、公约等，不一定是产生于民间的习惯，也与国家法律一样，直面公共治理过程中，存在于工业、农业等各方面的问题，与具有国家强制力的规范一起，形成多样化的规则治理体系。

软法与民间法的形成主体也有所不同。软法的形成主体十分复杂，"一则，在国际法领域，软法就包括大量由主权国家之间订立的但又不具有正式国际法效力的协议、约定等，只是因为它们没有通过繁复困难的国内权威机关予以认可的程序；二则，在国内法领域，国家制定的被视为正式法律渊源的规范文件中，也含有不少不具有强制约束力，仅仅是宣示性、引导性、号召性的规范；三则，国家机关还会制定许多不被视为正式法律渊源且不具有强制执行力的指南、纲要、意见、准则、基准等规范文件，但这些文件确实发挥实际的影响；四则，即便是在当代的、形式上为乡规民约并由此易划入民间法范畴的共同体规范，也有国家意志通过基层政权组织的引导和介入"②。由此可见，软法的形成主体既可能是国家，也可能是其他社会组织。

从我国的区域合作实践来看，由于在单一制国家中，地方行政区划是国家根据统治需要，按一定原则进行划分的结果，国家权力先于各个行政区划存在，地方权力来自中央的授予，并不是地方所固有。因此，仅仅依靠地方立法进行区域法治建设的话，就会面临宪政体制或实际操作上的难题。因此，区域法治不能仅仅依靠国家法和国家强制力建构合作秩序，除了运用民间的自生秩序之外，实践中还应当重视那些能够有效规范人们行为但是又没有国家强制力的规则，创建各具特色又适用于本地方的区域合作模式。

---

① 沈岿：《为什么是软法而不是民间法》，《人民法治》2016 年第 2 期。

② 同上。

(二) 何为"普遍服从"

区域治理的法治化，一个至关重要的问题就在于利益协调机制的构建。区域合作过程中，无论是规则体系还是相应组织机构的构建，都要遵循法治原则。实践中一个比较突出的问题就是，区域利益协调机制既可能表现为规范的性质，又可能表现为公法契约的性质，不同的协调机制之效力（主要是拘束力与执行力）究竟如何才能实现。在法治原则之下探讨国家法意义上的和公法契约意义上的利益协调机制的效力，可以为区域利益协调机制的完善带来启示。

对于国家法意义上的规则体系，凯尔森认为，"效力"就是指"规范（norm）的特殊存在。说一个规范有效力就是说我们假定它的存在，或者就是说，我们假定它对那些其行为由它所调整的人具有'约束力'"①。"法律规则，如果有效力的话，便是规范。"② 凯尔森在批判奥斯丁关于法律是主权者"命令"的观点时指出，并不是某一个具有优越权力的人所发出的每一个命令都是有约束力的。"一个命令之所以有约束力，并不是因为命令人在权力上有实际优势，而是因为他'被授权'或'被赋权'发出有约束力的命令。而他之'被授权'或'被赋权'，只是由于一个预定是有约束力的规范性命令，授予他这种能力（capacity），即发出有约束力命令的权限（competence）。"③ 因此，相应的规则是否具有效力，其权力来源是一个决定性因素。

对于公法契约意义上的协调机制，凯尔森认为，契约的成立与效力不是同一回事。"为了要成立一个'有约束力的契约'，两个人就一定要表示他们的协议，即他们关于某种相互行为的一致意图或意志。契约是双方缔约当事人的意志的产物。""即使在后来当事人一方改变他的意志而不再想要他在缔约时表示想要的东西时，这个契约还是被假定生效的。因此，契约就使这一方承担了违反其真实意志的义务，所以约束力不在于双方当事人的'意志'。"④ 认识到这一点，对于实践中公法契约意义上的利益协调机制的构建具有重要意义。

---

① [奥] 凯尔森：《法与国家的一般理论》，中国大百科全书出版社 1996 年版，第 32 页。
② 同上。
③ 同上书，第 33 页。
④ 同上书，第 34 页。

综上，区域合作过程同时也是一个区域法治化的过程，涉及区域规则体系的构建与遵守。法治的理想状态是实现良法之治，必须将法治理念贯穿到区域合作过程之中，才能构建起良法体系，良法也才能受到普遍的遵守。

第三节　区域合作中地方利益协调的基本原则

基本原则是指导区域合作中地方利益协调的准则，它们一方面来自经验，是区域合作中地方利益协调的实践经验总结，另一方面来自理念，是区域法治的基本原理和精神的进一步具体化。本节将从上述两个路径探讨区域合作中地方利益协调的基本原则所包含的内容。

一　区域合作中地方利益协调机制基本原则的分析路径

从认识事物的方式上说，区域合作基本原则可以有两种分析路径：一是从区域合作实践中提炼出来；二是从区域法治化的基本原理中推导出来。

1. 实践中的区域合作地方利益协调原则

据学者们研究，在区域行政协议文本中所表现出来的原则很多：[1]

一是平等原则。在各种行政协议文本中，平等原则的具体文字表述包括平等协商、平等、平等开放、开放平等、自愿平等、平等自愿、平等互利、互利平等、平等相待、平等互信、平等竞争和平等合作等。平等原则所表达的内容主要是行政协议缔结主体地位的平等以及权利义务的平等。

二是市场原则。文本中对市场原则的具体表述包括市场导向、市场化运作、市场运作、市场主导、市场共拓、市场互动、互为市场等。市场原则所表达的内容主要是在行政协议机制下处理行政与市场之间的关系，首先是遵循市场经济规律，注意行政权的法律边界等。

三是自愿参与原则。文本中对自愿参与原则的具体表述包括自愿、自愿加盟、自愿参与、自愿平等、平等自愿等。自愿参与原则所表达的核心

---

[1]　叶必丰等：《行政协议：区域政府间合作机制研究》，法律出版社 2010 年版，第97—99 页。

内容是行政协议的缔结必须基于缔约主体的主观自愿，而非基于胁迫。

四是互补原则。在行政协议文本中对互补原则的具体表述包括优势互补、互补、互动互补、互动等。互补原则所表达的内容主要是通过行政协议机制展开的区域政府间合作，应当遵循优势互补原则。

五是互利互惠原则。文本中互利互惠原则具体表述为互利共赢、互惠互利、互惠共享、互利互赢、互惠、共赢、互利多赢、互利平等、双赢、开发共赢等。互利互惠原则所表达的主要内容是，区域政府间的合作应当摒弃自利或独赢思维，只有尊重他利，追求互利，才能最终实现共赢与多赢。

六是开放原则。文本中开放原则的具体表述为开放公平、平等开放、开放、开放兼容、对等开放、开放自主、开放合作、开放共赢等。开放共赢所表达的主要内容是，区域政府间的合作机制应当面向所有的潜在合作者，并且在此原则下，任何的市场壁垒和地区隔离都是违背政府间的合作宗旨的。

七是发展原则。文本中发展原则的具体表述为联动发展、共同发展、发展主导、服务发展、共谋发展、协调发展、共促发展等。发展原则所要表达的主要内容是，发展是地方政府的主要目标，但是区域一体化背景下的地方发展应当着眼于区域的整体发展与区域间的协调发展。

八是协商一致原则。它的基本内涵包括两方面：第一，行政协议作为一种具有持续性和稳定性的制度化合作机制，为区域政府间的合作提供了一个对话与沟通的平台；第二，作为区域政府间合作内容的载体，行政协议应当是缔结主体之间平等协商的产物，不存在一方以其政治、经济地位的优势强迫他方缔结的情况。

九是合作原则。文本中合作原则主要表述为务实合作、友好合作、加强合作、真诚合作、合作、互动协作、区域合作、平等合作、促进合作、开发合作、团结协作等。合作协议所表达的主要内容是，达成区域政府间的合作时行政协议机制的基本功能；同时也表明缔结、履行行政协议的整个过程中应体现合作精神，给予其他缔约方以必要的协作。

除以上出现频率较高的原则之外，文本中还有依法行政、灵活多样、积极参与、循序渐进、务实、统筹兼顾等原则。

上述原则是全国各地区域合作的经验总结，也是各地对区域合作的价值追求，对区域合作实践有着重要指导意义。本书在区域法治、国家法治的语境中探讨区域合作中利益协调的原则，因此，认为区域合作中利益协调原则除了具备各合作区域都认同这样的普遍性之外，还应当具备法律性。同时，原则是对区域合作经验的提炼、抽象化，抽象程度不同，就会决定原则所处的层次不同、所统摄的范围不同，例如原则与基本原则、区域法治的原则与国家法治的原则就存在很大差别。因此，在确立区域合作的利益协调原则时，本书还强调其针对性。从法律性的角度，市场原则不是一个法律原则。很多区域采用市场原则，在于强调区域合作应当尊重市场规律，充分发挥市场在区域资源配置中的作用，消除行政区划以及地方政府政策对区域市场造成的割据状态。市场是区域法治保障的对象，要实现上述目标，从提炼法律原则的角度，应当从规范政府行为方面考虑。发展原则与市场原则类似，属于区域法治保障的对象，作为区域利益协调的原则不合适。至于互补原则、灵活多样原则、统筹兼顾原则、务实原则、循序渐进原则等，"从字面含义和内容上看，它们都是人们在日常的行政管理工作实践中总结概括出来的，用以指导行政管理活动的高效率展开，使行政管理工作更加科学化与合理化实施的工作原则，而并不是具有法的要素意义的法律原则"①。从普遍性的角度看，开放原则不符合标准。目前我国合作区域的划分有着浓厚的国家政策导向，例如武陵山片区是国家的扶贫开发片区，武汉城市圈定位于中部崛起，成渝经济区是西部大开发战略的一部分。因此，各合作区域相对于外部非合作区域来说，合作机制的开放性并不是很明显，"区域政府间的合作机制应当面向所有的潜在合作者"的要求，对大多数区域来说并不具备普遍性。从原则的针对性角度看，依法行政原则不符合标准。依法行政是对政府行为的总体要求，是国家法治层面的基本原则，当然也是指导区域法治的原则，但是对区域合作中的利益协调来说，并不具有针对性。

2. 符合区域法治原理的地方利益协调原则

区域发展主要包括两方面目标：一是区域经济的一体化发展，自由大市场形成，资源配置实现最优化；二是区域内公共事务的一体化治理，提高公共事务的解决效率。区域发展要靠政府、其他法人或非法人组织、公民等各方主体共同努力，其中，地方政府是地方利益的代言人，而且地方

---

① 叶必丰等：《行政协议：区域政府间合作机制研究》，法律出版社2010年版，第102页。

政府的主要职责就是促进资源配置的最优化和公共事务的有效治理，因此可以说，区域法治理论的核心内容就是规范地方政府的行为。

对于区域合作的第一个目标，从政府的角色定位来看，不是直接参与市场竞争的主体，而是通过相互间的合作，规范政府行为，对不正当竞争行为进行约束，通过完善和执行规则体系来营造良好的市场竞争秩序。市场经济是法治经济，通过规范和纠正政府的越位和错位之后，市场功能才能正常发挥。对于第二个目标来说，政府提供公共服务，既是职责所在，也是弥补"市场失灵"所带来的公共领域的无序状态。各地方政府通过合作，可以提高公共治理的效率。现代行政管理的复杂性是行政裁量权的存在基础，韦德说，"现代政府管理要求尽可能多且尽可能广泛的裁量权，议会法案起草者也竭力寻找能使裁量权变得更为广泛的新的措辞形式，议会在通过这些法案时也无意多加思量"。① 在行政权急剧膨胀的今天，规范政府行为不仅要求政府依照法律的明文规定作出行为，更重要的是对政府裁量权的控制。一般来说，对政府裁量权的控制包括程序和实体标准两方面。程序主要是指正当法律程序原则，例如告知、说明理由、听取意见，不偏私，公开、公正、公平等。在区域合作过程中，对地方政府合作的程序并无明确法律规定，主要是在正当程序理念指导下地方政府之间进行约定。实体方面的约束主要依靠立法目的、立法精神、法律的基本原则以及惯例。

现代行政法治理论中对行政裁量权的控制思路，为本书提炼区域合作中地方利益协调的原则提供了很好的参考。

二 区域合作中地方利益协调原则的主要内容

正如本书第一章第一节所述，区域合作过程中地方利益冲突包括主观因素和客观因素导致的冲突，要解决由主观因素所导致的利益冲突，从根本上说要改变地方政府的治理理念，加强地方政府间的合作与相互监督，摆脱传统行政区域治理模式的影响，规范地方政府权力的行使。要解决由区域内合作各方经济发展水平、历史文化传统、自然地理环境等客观因素导致的地方利益冲突，则需要构建完善的地方政府利益博弈机制，在最大程度上实现"双赢"。因此，区域合作过程中地方利益协调的原则也分为

---

① H. W. R. Wade., *Administrative Law*, New York: Oxford University Press, 1988, p. 388.

两个层次讨论：一是规范地方政府治理行为的原则；二是规范地方政府之间合作的原则。

（一）规范地方政府治理行为的原则

规范地方政府的治理行为，解决由主观因素所导致的利益冲突，从根本上说要改变地方政府的治理理念。政府作为地方利益的代言人，要合理定位自身在区域发展中的角色以及与市场、社会等主体的关系。本书认为，规范地方政府治理行为包括以下两个原则。

1. 合理划定政府权力与自由市场的界限原则

政府裁量权的失范，常常是因为所要实现的目的和采取的手段之间并不匹配。区域合作的目标之一是自由大市场的建立，自由大市场的建立包含两方面的意思：一是市场自身的运作、完善；二是政府对市场的培育、保障。经济学界对于市场这只"看不见的手"之精妙神奇早有共识。"市场经济是一部复杂而精良的机器，它通过价格和市场体系来协调个人和企业的各种经济活动。它也是一部传递信息的机器，能将数十亿各不相同的个人的知识和活动汇集在一起。在没有集中的智慧或计算的情况下，它能解决涉及亿万个未知变量或相关关系的生产和分配的问题，对此连当今最快的超级计算机也都望尘莫及。并没有人去刻意地加以管理，但市场却一直相当成功地运行着。在市场经济中，没有一个单独的个人或者组织专门负责生产、消费、分配和定价等问题。"① 当然，对于这只"看不见的手"之力所不及也有共识。"我们发现存在着'市场不灵'，并且市场也并不总是产生最有效率的结果。市场不灵的一种情况是垄断以及其他形式的不完全竞争。'看不见的手'的第二种不灵表现为市场的外溢效果或外部性：正面的外部性包括科学发现等，而负面的外溢效果应包括环境污染。"② "其收入分配的后果在政治上或道义上是无法接受的。若这些情况中出现任何一种的话，亚当斯密的'看不见的手'的原理就会崩溃，政府就会试图干预，以弥补'看不见的手'的不足。"③ 由此可以看出，政府对于市场的干预是绝对必要的。

---

① ［美］保罗·萨缪尔森、威廉·诺德豪斯：《经济学》（第18版），萧琛主译，人民邮电出版社2011年版，第23页。

② 同上。

③ 同上。

但是，政府干预市场并不是取代市场的作用。以区域合作中地方政府之间签订行政协议为例，学者指出，"市场原则一般可以从两个维度来理解其内涵。一是静态的维度，即行政协议的内容应当尊重市场经济的规律，充分发挥市场在区域经济发展中资源配置的基础性作用，而政府主要是创造良好的发展环境，引导区域合作发展的方向。二是动态维度，即区域政府间缔结行政协议的目的之一是转变政府在区域发展中的传统职能，摒弃横亘于区域市场上的政策壁垒，消除行政区划对市场一体化的障碍。然而，无论是哪一个维度，其核心的思想是作为缔约主体的地方政府应当清醒地意识到其在促进区域经济一体化的过程之中，权力是有限度的……"① 权力行使的限度究竟在哪里？或者说，如何划定权力行使的限度？在目前的区域法治理论中，主要是依据立法目的、立法精神、法律的基本原则以及惯例来确定具体权力行使的限度，这个思路应当为区域合作中地方利益冲突协调所借鉴。

2. 合理运用政府权力实现公共事务的有效治理原则

"公共产品"（public goods）本身有多义性，常常被翻译成"公共产品、公共物品、公共财产、公共品"等，作广义理解，还可以包括公共服务。萨缪尔森对于公共产品的定义比较经典，"是指那种不论个人是否愿意购买，都能使整个社会每一成员获益的物品"②。同时，他还提出两个重要的评价标准：非排他性，即某种产品一旦生产出来，则它的影响（有利的或不利的）适用于所有成员，也就是说，没有为产品作出贡献或付出成本的人不能被排除在对该产品的消费之外；非竞争性，即某个人对该产品的消费并不减少其对他人的供应水平。不过在实践中，符合萨缪尔森标准的"纯公共产品"很少，大量是掺杂了私人产品因素的"准公共产品"或者"混合公共产品"，公共产品的分类可以从各个角度进行，从表2—1的分类可以十分清晰地看出不同类型公共产品之间消费的非排他性和非竞争性的不同。

---

① 叶必丰等：《行政协议：区域政府间合作机制研究》，法律出版社2010年版，第102页。

② ［美］保罗·萨缪尔森、威廉·诺德豪斯：《经济学》（第18版），萧琛主译，人民邮电出版社2011年版，第321页。

表 2—1

	纯公共产品	准公共产品	公共资源	混合产品
全球的	全球气候变暖、国际金融惯例	生态旅游场所、国际通信卫星服务	物种保护、海底资源	劳工标准、森林保护
大区域的（国家或地区之间）	害虫防治、传染病防治	大区域共同市场、区域安全与治安	公共渔场、公共牧场	湖泊清洁、维持和平
主权国家或地区	国防安全	国内交通、通信网络	国内公共渔场	教育、行政事务
小区域的（一国或地区之间）	区内共同制度安排	区内交通、通信网络	跨辖区公共渔场	区域共享教育资源
地方独占型公共产品	地方治安	辖区内道路	有限开放式公园、绿地	独占性教育资源

资料来源：陈瑞莲等：《区域公共管理理论与实践研究》，中国社会科学出版社 2008 年版，第 49 页，略有改动。

在合作区域中，区域利益主体也存在着"搭便车"的现象，也存在"公用地悲剧"，因此需要加强区域公共事务的治理。而且公共产品的地域性特点十分明显，但是，在跨界的地方，公共产品对区域外有明显的溢出效应。例如河流从一个地方流向另一个地方、疾病从一个地方蔓延到另一个地方。因此，地方政府之间在公共事务上的合作就是当务之急。

当然，即使作为公共事务治理的主体，政府的权力也有限度。一方面，作为区域公共事务的治理主体，并不意味着政府自己来生产公共产品。公共产品的生产可以交给更为擅长的企业组织，政府作为公共利益的代表者进行选择。因此，对政府权力的限制就在于，权力的行使不应当任性和偏私。另一方面，作为区域公共事务的治理主体，并不意味着成为一切公共产品的提供者。政府作为公共利益的代言人，具有强大的调动公共资源的能力。根据传统的政治观点，认为公共官员是公共利益的代表者，即使达不到柏拉图憧憬的"哲学王"的素质，也具有较高的道德修养，不会追求个人的私利。但是，这种假设在现实中并不成立。根据公共选择学派的观点，基于个人利益的利己主义假设也适用于政治家及其官僚机构的行为模式分析。对于政治家来说，其行为的动机是使自己再次当选的可能性最大化。政府官员追求的目标则是薪水、津贴、升迁机会以及各种权力和声望。[1] 在个人利益的推动之下，政府权力常常会滥用，进行市场"寻租"。"政府失灵"揭示了政府在提供公共产品过程中的问题所在，而政府提供公共产品又是基于"市场失灵"的结果，由于市场主体是利润最大化的追求者，不可能独立承担起提供公共产品的重任，这时候人们将目光投向政府和市场之外的"第三部门"，即社区和其他非营利性组织。随着人们的自我组织和自我管理能力的增强，社区、非营利性组织等社会力量也逐渐壮大起来，在社区治理、环境保护等方面发挥着越来越重要的作用。因此，政府应当将市场、各种社会力量在提供公共产品方面的作用充分利用起来，合理配置政府、企业和社会组织在公共治理中的权力、权利和义务，树立有限政府的理念，培育各种社会组织，尊重市场规律，提高公共事务治理的效率。

（二）规范地方政府之间合作的原则

地方的经济发展水平、历史文化传统、自然地理环境等客观因素导致的地方利益冲突，需要构建完善的地方政府利益博弈机制，在最大程度上实现"双赢"。本书认为，规范地方政府之间合作的最主要原则包括区域平等原则、自愿协商原则和权责一致原则。

1. 区域平等原则

区域平等原则，根据其中"区域"的范围，既可以作为国家法治层面的原则，也可以作为区域法治层面的原则。平等是区域合作各方合作的前提和基础。

关于区域联合以及各组成部分法律地位问题的讨论源远流长。孟德斯鸠讨论联邦共和国时谈道，"这种政府的形式是一种协约。依据这种协约，几个小邦联合起来，建立一个更大的国家，并同意做这个国家的成员。所以联邦共和国是由几个社会联合而产生的一个新的社会，这个新社会还可以因其他新成员的加入而扩大"[2]。至于联邦共和国各单位的法律

---

① 陈瑞莲等：《区域公共管理理论与实践研究》，中国社会科学出版社 2008 年版，第54 页。

② ［法］孟德斯鸠：《论法的精神》（上册），张雁深译，商务印书馆 1959 年版，第154 页。

地位，"要联合的国家大小相同，强弱相等，那是不容易的。吕西亚共和国是二十三个城市联合而成的；大城市在公共议会中有三票；中等城市两票；小城市一票。荷兰共和国是大小七省所组成的，每省一票"①。汉密尔顿在论述参议院中的平等代表权时有如下论述："如果在由一个完整的民族组成的国家之中，各个地区应在政权中保持按比例的代表权；如果在独立的主权国家之间为了某一单一目的而组成的联盟之中，各方在共同的委员会中都应有平等的代表权，而不管各国的大小；如果以上都是正确的，则在具有民族的和联盟的双重性质的复合型共和国之中，政权应该建筑在按比例的和平等的代表权这两个原则参半的基础上。"② 但是，"我们的宪法并不是什么抽象理论的产物……建筑在意志更屈从大州的原则基础上的政权，不大可能为小州所接受"，③ 因此，"各州享有平等的表决权，既是宪法对仍由各州保留的部分主权的认可，也是维护这一部分主权的手段"④。单一制国家的地方自主权相比较联邦制国家要小，但是地方政府之间的法律地位的平等性是没有争议的。

目前我国区域平等缺乏明确的宪法依据。但是，《宪法》第33条规定了法律面前人人平等，第4条规定了民族平等（我国的民族区域自治制度是民族自治和区域自治的结合体，因此也是民族平等与区域平等的结合体）。随着选举制度的完善，城乡按照相同的人口比例选举人大代表。上述规定都包含了区域平等的精神。一般来说，经济一体化区域的形成有两种模式：一是区域内地方政府之间自发进行磋商、沟通形成；二是国家通过公权力推动形成。无论区域合作是"自下而上"的模式还是"自上而下"的模式，区域各组成部分的平等地位都是肯定的。

但是，由于宪法规定的地方自主权有限，我国的区域合作大多是公权力"自上而下"推动的，"区域平等只是表现为稳定秩序的需要，只是对已有区域的平等，宪法和法律并不反对区域的细分、合并或部分调整，也不限制中央政府对省或直辖市土地资源的直接使用。也就是说，我国的区域平等缺乏地方自主权这一前提，缺乏法治的良好保障。也正因为此，在

---

① ［法］孟德斯鸠：《论法的精神》（上册），张雁深译，商务印书馆1959年版，第157页。

② ［美］汉密尔顿、杰伊、麦迪逊：《联邦党人文集》，商务印书馆1980年版，第314页。

③ 同上。

④ 同上。

区域经济一体化进程中，才会有动辄区域合并或在现有行政区划基础上增设一级政权组织的主张"①。区域平等原则不仅适用于区域合作过程，也适用于中央对区域合作的调整和控制过程。在当前区域合作实践中，平等原则也频繁出现在各种行政协议、会议纪要等区域合作文件中。

2. 自愿协商原则

在我国宪政体制下，中央与地方之间是上下级之间的命令与服从关系，地方政府之间是平等关系，这是地方政府之间基于自愿性因素合作的前提和基础。当然，某些合作区域作为国家的战略区、试验区，合作的启动有国家意志的推动，但是在合作过程中，采用的形式、合作的内容等，都是合作各方自己进行协商，在意思自治的基础上展开，自愿与协商原则是贯穿整个区域合作过程的指导思想之一。亚当·斯密在分析人类的交易行为时谈道，"人类几乎随时随地都需要同胞的协助，要想仅仅依赖他人的恩惠，那是一定不行的。他如果能够刺激他们的利己心，是有利于他，并告诉他们，给他们做事，是对他们自己有利的，他要达到目的就容易得多了。不论是谁，如果他要与旁人作买卖，他首先就要这样提议。请给我以我所要的东西吧，同时，你也可以获得你想要的东西，这句话是交易的通义。我们所需要的相互帮忙，大部分是依照这个方法取得的"②。可以看出，人类作为"经济人"，尽管只具有限的理性，但是经济活动都有目的性，都有自身的利益追求。人类之间的合作，包括区域这种人类共同体之间的合作，要真正能够实现共同的利益，只能在自愿、协商的基础之上进行。

自愿协商原则在很多法律中都有规定，例如《中华人民共和国水法》第 56 条规定，不同行政区域之间发生水事纠纷的，应当协商处理；协商不成的，由上一级人民政府裁决，有关各方必须遵照执行。在水事纠纷解决前，未经各方达成协议或者共同的上一级人民政府批准，在行政区域交界线两侧一定范围内，任何一方不得修建排水、阻水、取水和截（蓄）水工程，不得单方面改变水的现状。《中华人民共和国海洋环境保护法》第 8 条规定，跨区域的海洋环境保护工作，由有关沿海地方人民政府协商

① 叶必丰等：《行政协议：区域政府间合作机制研究》，法律出版社 2010 年版，第 7 页。

② ［英］亚当·斯密：《国民财富的性质和原因的研究》（上卷），郭大力、王亚南译，商务印书馆 1974 年版，第 13—14 页。

解决，或者由上级人民政府协调解决。国务院《行政区域边界争议处理条例》第 3 条规定，处理因行政区域界线不明确而发生的边界争议，应当按照有利于各族人民的团结，有利于国家的统一管理，有利于保护、开发和利用自然资源的原则，由争议双方人民政府从实际情况出发，兼顾当地双方群众的生产和生活，实事求是、互谅互让地协商解决。经争议双方协商未达成协议的，由争议双方的上级人民政府决定。必要时，可以按照行政区划管理的权限，通过变更行政区域的方法解决。在很多区域协作规划、行政协议、会议纪要当中，自愿协商也是基本的指导思想之一，这一点也决定了上述区域合作行为的契约属性。

3. 权责一致原则

权责一致，从字面上理解的话，"权"是指权力、权利，"责"是指义务，"一致"则是指权力、权利与义务之间的对应性，不能只有权力、权利而没有义务。权与责是一个硬币的两面，少了哪一面都不行。运用童之伟教授的法权分析方法，可以对权责一致原则进行很好的阐释。法律上所承认和保护的利益以权利或者权力的形式表现出来，他将这些法律上的权力和权利统称为法权。法权的实质是以一定的财产表现出来的利益。"权利范畴反映的对象是实在法上与以国家为代表的整体相对称的社会的一切个体享有的那部分法权，其中主要是公民和其他自然人个人的权利，但也包括法人或者其他社会经济组织依法享有的与权力相对应的那些权利……权利的价值蕴含是社会的个体的利益，以所有权属于个体的财产为物质实体。"[1] "权力范畴反映的对象是实在法上与权利相对称的由公共机关依法享有的那部分法权，一般由国家机关及其官员行使，在我国宪法上表现为职权和权限。权力的价值蕴含是相应的公共利益，它以属于公共机关的财产为物质实体。"[2] 义务不仅是与权利相对应的，也是与权力相对应的。"法定义务作为一个整体相对于社会的整体利益而言，其核心内容是形成社会整体利益所付出的代价，相对于所有权归属已定之财产而言，则实质上主要是创造出这些财产所支出的劳动和相应数量的劳动时间。"[3] 既然义务是权力、权利的对价，那么在任何的法律关系中，权责都应当是

---

[1]　童之伟：《国家结构形式论》，北京大学出版社 2015 年版，第 63 页。

[2]　同上。

[3]　同上书，第 65 页。

相一致的。

　　权责一致在目前研究区域合作的成果中并未受到重视，在区域合作实践中也欠缺相应的机制。究其原因，或许是考虑到区域合作是建立在自愿协商基础上的合作，从区域合作文件中表述的原则来看，平等原则、自愿协商原则普遍受到重视，对区域合作协议中约定事项的履行，最多用一个道德色彩浓厚的"真诚履行"原则予以强调。值得注意的是，区域合作与平等的民事主体之间的合作截然不同，由于涉及公权力的运用，公法契约与私法领域的契约也存在较大区别。要避免权力的滥用，权力必须受到约束，必须有相应的责任承担机制。从另一个层面说，诚实信用不仅是一个道德原则，也是一个法律原则，如果没有相应的责任追究机制作为保障，它就只是一个道德原则。在区域合作实践中，合作各方不履行协议的情况屡见不鲜，目前只能通过双方的沟通或者共同的上级政府予以协调，解决冲突的时间成本极高，而且相应的责任追究机制欠缺，失信一方不会付出相应代价，遭受损失一方也得不到相应赔偿，既浪费了社会资源，也有失公平。要构建起规范、长效的地方利益协调机制，仅仅依靠道德原则是不够的，因此，本书将"权责一致"列为区域合作中利益协调的原则之一。

第三章　中国区域合作中地方利益协调的规则体系

中国区域合作中地方利益协调机制比较复杂，本章选择区域规划、区域行政协议和区域协作立法这三种在实践中运用较多的协调机制，结合区域合作的宪政原理和基本原则，探讨区域合作中地方利益协调规则体系的合法性问题。

第一节　区域合作中地方利益协调规则体系之区域规划

一　区域规划概述

实践中，规划和计划并未严格区分。彼得·霍尔（Hall）认为："规划作为一项普遍的活动，是指编制一个有条理的行动顺序，使一个或数个预定目标得以实现。"① 本书所讨论的区域规划，主要是由参与区域合作的地方政府或行政机关制定的规划，因此都属于行政规划。行政规划也称行政计划，是指行政主体在实施公共事业及其他活动之前，首先综合地提示有关行政目标，事前制定出规划蓝图，作为具体的行政目标，并进一步制定为实现该综合目标所必需的各项政策性大纲的活动。②

区域规划是协调区域关系的重要工具，是关于一定区域开发、建设进行的总体部署，为区域合作提供总体依据。近年来，经济一体化区域如雨

---

① ［英］彼得·霍尔：《城市和区域规划》，邹德慈、金经元译，中国建筑工业出版社1985年版，第5页。

② 姜明安：《行政法与行政诉讼法》，北京大学出版社、高等教育出版社2011年版，第260页。"行政计划"的说法可以参见［日］盐野宏《行政法》，杨建顺译，姜明安审校，法律出版社1999年版，第152页。

后春笋一般出现，从国家战略层面，有西部大开发、振兴东北地区老工业基地、促进中部地区崛起等发展战略形成的经济一体化区域，也有一些局部性区域，包括长三角区域、成渝经济区、武陵山片区、珠三角区域、京津冀三角区、环渤海经济区、新疆乌昌区域、武汉经济圈、鄱阳湖生态经济区、中原经济区等。国务院为协调区域发展，先后批准了几十个区域规划和类似指导意见，例如 2008 年国家发改委印发的《珠江三角洲地区改革发展规划纲要（2008—2020 年）》，2010 年国家发改委印发的《长江三角洲地区区域规划》，2011 年国家发改委印发的《成渝经济区区域规划》，国务院扶贫办、发改委印发的《武陵山片区区域发展与扶贫攻坚规划（2011—2020 年）》等。

实践中的区域规划编制主体复杂、效力层次不一、形式多样、内容丰富。据学者统计，目前区域规划编制组织形式有以下三种。[①]

一是区域共同上级政府组织编制。从收集的样本分析，这种规划占绝大多数。从这些区域规划的内容看，有整体性的综合性规划，如《长江三角洲区域规划》《中原经济区规划》；也有涉及某一重要事项的专项规划，如《长江三角洲环境保护规划》《珠江三角洲地区城际轨道交通网规划》。

二是区域地方政府联合编制。区域同级政府平等协商联合编制的，称为双边（多边）协商型区域规划。如上海、江苏、浙江三地发改委共同主持编制的《长三角地区城市空间综合交通规划方案》。西安、咸阳两地政府联合编制《西安咸阳实施经济一体化战略规划纲要》。

三是成立专门机构编制。《西部大开发"十一五"规划》是由国务院西部办组织编制的，《东北地区振兴规划》是由国务院东北办编制的，《泛珠江三角洲区域综合交通运输体系合作专项规划》等是由泛珠江三角地区的九省政府秘书长协调会组织编制的。

从区域规划调整的事项范围上看，可以分为整体区域规划和专项区域规划。整体区域规划包括《长江三角洲地区区域规划》《成渝经济区区域规划》《武陵山片区区域发展与扶贫攻坚规划（2011—2020 年）》等。专项区域规划种类繁多，从其内容上看，涵盖了城市功能定位、产业布局、

① 参见杨丙红《我国区域规划法律制度研究》，博士学位论文，安徽大学，2013 年，第36 页。

港口建设、交通、能源、环境保护等诸多领域，如《长江三角洲区域环境保护规划》《长株潭产业一体化规划》《珠江三角洲区域沿海港口建设规划》《长三角区域旅游发展规划》《南京都市圈规划》《杭嘉湖城市带规划》等。

二　区域规划在地方利益协调规则体系中发挥的作用

区域规划包含了区域发展的总体目标、区域内部的产业布局、发展路径以及相关政策措施，在区域合作过程中起着指导作用，也是地方利益协调的重要依据。

一方面，区域规划对区域发展具有预测作用。区域规划涉及区域发展的各方面事项。以《长江三角洲地区区域规划》为例，根据长三角地区区位条件优越、自然禀赋优良、经济基础雄厚、体制比较完善、城镇体系完整、科教文化发达、一体化发展基础较好等优势条件，以及区域内各城市发展定位和分工不够合理，交通、能源、通信等重大基础设施还没有形成有效的配套与衔接，产业层次不高、外贸依存度偏高，自主创新能力不够强，土地、能源匮乏，社会事业发展不平衡，行政管理、社会管理体制等方面改革还不到位等不足之处，对区域发展的前景作出预测。包括区域发展的战略定位于发展目标、区域布局与协调发展路径、城镇与城乡统筹发展路径、产业发展与布局、自主创新与创新性区域、基础设施建设与布局、资源利用与生态环境保护、社会事业与公共服务、体制改革与制度创新、对外开放合作等事项，上述规划是根据区域的自然条件、经济条件和历史文化条件等，对区域未来的发展作出的预测。确立区域发展的战略目标，为区域发展提供清晰的蓝图。

另一方面，区域规划为地方政府行为提供指引。除上述区域发展战略目标和具体事项之外，区域规划通常还涉及中央和地方的权力格局分配关系、地方政府之间的权力关系以及地方政府体制改革的问题。在中央与地方权力格局方面，《长江三角洲地区区域规划》规定，"推进上海国家级信息化与工业化融合试验区建设。对具备一定条件和较大规模的城市赋予立法权"。根据该规划，长江三角洲地区就成为中央与地方立法体制变革的试验点。在地方政府之间的权力关系方面，《长江三角洲地区区域规划》规定，"优化政府管理层次，加快江苏、浙江省直管县（市）体制改革，扩大县级政府经济社会管理权限，增强市、县（市）政府提供公共服务的能力"。在地方政府体制改革方面,《长江三角洲地区区域规划》指出:"深化行政审批制度改革,继续清理和调整行政审批项目和部门收费,逐步实行审批管理'零收费'制度。建立和完善跨部门统一互联的电子政务平台,积极推行网上办公。完善行政监督制度,推进区域电子监察系统网络建设。完善政府信息发布制度,推进政府信息公开与资源共享,充分发挥政务信息对经济社会活动和人民群众生产生活服务的引导作用。强化行政规划和行政指导,推行现代行政管理方式,降低行政成本,提高工作效率。""深化政府机构改革。支持上海率先实行职能有机统一的大部门体制,完善农业服务、综合交通协调、社会保障与人力资源管理、食品药品安全监管等体制机制。"同时,规划还指出:"按照政企分开、政资分开、政事分开以及政府与中介组织分开的原则,合理界定政府职责范围,充分发挥市场在资源配置中的基础性作用,鼓励公民和社会组织参与公共事务管理,让政府、市场、企业和中介组织各司其职、各负其责。"对区域内政府、市场以及其他非政府组织之间的法权配置作出指引。

区域规划与行政协议、政府之间的会议纪要等合作方式相比,更具有长期一贯性,是区域内地方政府之间合作的长效机制,为地方政府之间的协作提供了良好的制度平台。

三 区域规划在地方利益协调过程中存在的问题

由于区域规划不属于严格意义上的国家法体系范围内的规范,其制定权限、行为属性、实施机制等方面都存在诸多问题。

(一) 区域规划编制权的法律依据

区域规划由特定的主体按照一定程序编制而成,关于编制主体权限、程序等问题,有学者提出质疑。一方面,是对制定依据的质疑,认为基于严格的行政法治主义,区域规划的制定和实施应具有组织法和行为法上的依据。组织法上的授权表明政府应具有制定与实施区域规划的权能和可能性;至于何时、因何事、何种条件下制定与实施区域规划,还需要行为法上的明确依据。[1] 另一方面,是对制定程序的质疑。合作区域涉及许多城市,这些城市有省会城市、较大市、地级市、县城等,区域规划如何体现

---

① 杨丙红:《我国区域规划法律制度研究》,博士学位论文,安徽大学,2013 年,第 45 页。

民主性。① 当今区域规划在实践中十分常见，但区域规划的制定主体与主体的权限并没有组织法上的明确规定，区域间合作组织的规划制定权在现行宪政框架下，合法性也需要进一步明确。

（二）区域规划的行为属性

区域规划的属性决定利害关系人寻求救济的途径。区域规划究竟属于何种属性的行为？法律规范中没有明确规定，在行政法学界也是存有争议的问题。2008 年颁布的《中华人民共和国政府信息公开条例》第 10 条将"（一）行政法规、规章和规范性文件"和"（二）国民经济和社会发展规划、专项规划、区域规划及相关政策"并列作为应予公开的政府信息，是否说明区域规划不属于"行政法规、规章和规范性文件"的范围？区域规划究竟是内部行政行为还是外部行政行为？都是需要进一步探讨的问题。

（三）区域规划的实施机制

区域规划的编制不是目的，最终需要落实。以成渝经济区为例，在《国家发展改革委关于印发成渝经济区区域规划的通知》（以下简称《规划》）中，对规划的落实机制规定了三方面。（1）要求重庆市、四川省人民政府做好《规划》的组织实施工作，认真落实《规划》提出的各项任务。要加强组织领导，明确分工，落实责任，完善机制，科学制订具体实施方案，涉及的重大政策和建设项目按程序另行报批。要在国家有关部门的指导下，按照《规划》确定的战略定位、空间布局、发展要求，合理确定经济社会发展重点，促进经济社会全面协调可持续发展。要建立重庆市和四川省人民政府主要负责同志牵头的联席会议制度，协调解决《规划》实施的重大问题。（2）要求国务院有关部门结合各自职能分工，加强对《规划》实施的指导，做好与国家总体规划和相关专项规划的衔接和协调，研究制定贯彻落实《规划》的具体措施，在政策实施、项目建设、资金投入、体制创新等方面给予积极支持。要加强部门之间的沟通和协调，指导和帮助解决《规划》实施过程中遇到的问题，为促进成渝经济区加快发展营造良好的政策环境。（3）表示发改委将按照国务院的批复精神，加强对《规划》实施的协调服务和实施情况的跟踪分析，会同重庆市和四川省人民政府做好《规划》实施情况的评估工作，及时向国

---

① 杨丙红：《我国区域规划法律制度研究》，博士学位论文，安徽大学，2013 年，第 45 页。

务院报告实施情况。应该说，这样一个由地方政府加以落实、国务院有关部门予以指导、发改委进行评估的多层次实施机制有一定合理性，但是，这样的规定弹性太大，也没有明确的责任追究机制，使区域规划的施行往往落不到实处。

四　区域法治化背景下对区域规划的再认识

（一）法律保留原则在区域规划编制问题上的运用

区域合作的法治化，最重要的就是区域合作方式的法治化。有学者根据法律授权的状况，将规划分为"法定规划"与"非法定规划"。法律规范明确规定了规划的法定主体、规划权限、规划编制程序、实施机制、法律责任等，就是"法定规划"或"正式规划"。所谓"非法定规划"，即是指缺乏法律明确规定的、不具有法律地位，也没有法律规定的编制程序、审批程序和内容要求的规划类型。① 这个思路符合传统的法律保留原则，传统法律保留原则认为，"就重要事项，立法者应自行决定，而因为当代之行政生活系以行政行为为主，对于重要之行政行为事项，立法者必须以足够精确之法律加以规定；组织法律从而系属任务、组织之规定，原则上仍难与专业法律中之行政行为授权之精密度相比拟。总之，组织法不等于行为法，后者须有特别法之授权"。②

随着现代社会的发展，行政权急剧膨胀，面对复杂的行政活动，对于行政权的控制从传统的严格法治主义标准转向对行政裁量权的控制。翁岳生先生指出："究竟法律保留原则应有如何之程度，以免妨碍行政行为因应政治社会变迁所须之灵活性，值得检讨。"③ 法律保留原则的适用，也是在不同的行政领域应适用不同的法律保留密度。对行政行为来说，行为法的依据主要存在于干涉行政领域及部分重大的影响行政相对人权益的给付行政领域，除此之外的行政领域并不必然要求行为法依据的存在。④ 因此，上述关于"法定"与"非法定"的分类值得商榷。

我国现行立法对于规划的制定也有组织法授权与行为法授权两种。

---

① 陈锋：《非法定规划的现状与走势》，《城市规划》2005 年第 11 期。

② 翁岳生：《行政法》（上），中国法制出版社 2002 年版，第 321 页。

③ 同上。

④ 参见翁岳生《行政法》（上），中国法制出版社 2002 年版，第 320—321 页。

《宪法》第15条规定，"国家加强经济立法，完善宏观调控"。第89条第五款规定，国务院"编制和执行国民经济和社会发展计划和国家预算"；《地方各级人民代表大会和地方各级人民政府组织法》第59条规定，"县级以上人民政府执行国民经济和社会发展计划、预算"。上述规定属于组织法授权。《城乡规划法》对城乡规划的制定、实施、修改、监督、法律责任作出了详细的规定。例如第12条规定，"国务院城乡规划主管部门会同国务院有关部门组织编制全国城镇体系规划，用于指导省域城镇体系规划、城市总体规划的编制。全国城镇体系规划由国务院城乡规划主管部门报国务院审批"；第13条规定，"省、自治区人民政府组织编制省域城镇体系规划，报国务院审批"；第14条规定，"城市人民政府组织编制城市总体规划"。《土地管理法》第3条规定，"十分珍惜、合理利用土地和切实保护耕地是我国的基本国策。各级人民政府应当采取措施，全面规划，严格管理，保护、开发土地资源，制止非法占用土地的行为"；第17条规定，"各级人民政府应当依据国民经济和社会发展规划、国土整治和资源环境保护的要求、土地供给能力以及各项建设对土地的需求，组织编制土地利用总体规划。土地利用总体规划的规划期限由国务院规定"；第22条规定，"城市总体规划、村庄和集镇规划，应当与土地利用总体规划相衔接"。上述规定属于行为法授权。

对区域合作过程中的规划编制问题，一些领域有行为法授权，例如依据《中华人民共和国环境保护法》第20条，"国家建立跨行政区域的重点区域、流域环境污染和生态破坏联合防治协调机制，实行统一规划、统一标准、统一监测、统一的防治措施。前款规定以外的跨行政区域的环境污染和生态破坏的防治，由上级人民政府协调解决，或者由有关地方人民政府协商解决"。该条规定为流域环境保护的统一规划提供了法律依据。更多跨行政区域规划没有明确行为法上的依据，但是这并不能说明其"非法"。正如学者所说："从权利保护的角度来看，区域行政规划的编制和实施即使没有行为法上的依据，它也不对外部行政相对人产生直接的利益侵害。基于此，区域行政规划在法律保留上应适用较为宽松的保留密度，其编制和制定并不必然需要行为法上的依据。因此，即使没有行为法上的依据，也不能简单地认定为违法。"① 当然，由于在区域合作过程中，

---

① 李煜兴：《我国区域行政规划合法性的拷问与释答》，《法学论坛》2010年第1期。

跨行政区域的统一规划是重要合作方式，在实践中也频繁运用，对于那些涉及区域重大事项以及公民基本权利的事项，仍然要严格适用法律保留原则。

（二）区域规划的行为属性

区域规划是区域行政主体意志的体现。在行政法学理论上，为了规范行政主体的意思表示，往往会从以往的实践中总结同类意思表示在内容上、程序上的典型特征，将其类型化。目前，人们认识到的行政行为都是通过上述过程客观化、固定化，并有针对性地制定规则予以调整，包括抽象行政行为与具体行政行为、外部行政行为与内部行政行为等。区域规划究竟属于哪种类型的行政行为，学界认识不一。

《政府信息公开条例》第 10 条将区域规划与行政法规、规章和规范性文件并列，因此有学者认为"区域规划不属于行政法规、规章和规范性文件，也意味着区域规划并不是一种抽象行政行为"。[①] 区分抽象行政行为与具体行政行为的标准，在于其是否针对特定的人或事，大多数的区域规划都是对一定区域或者领域事务的总体设计和安排，还需要进一步借助行政处罚、行政许可以及其他具体的行政命令去实现，因此，都具有抽象行政行为的性质。当然，区域规划中也会包含一些具体的事务安排，例如在某地修建机场、火车站等决定，直接对所涉地区公民权益产生影响，但是这些条款也需要借助政府的具体行政行为来实现。在《政府信息公开条例》中单列"国民经济和社会发展规划、专项规划、区域规划及相关政策"，可以理解为对所列事项的强调，并不能据此排除其抽象行政行为的定位。

区域规划是对跨区域公共事务的预先安排，由于其具有抽象行政行为的特点，因此一般不会直接影响公民、法人和其他组织的权益。有学者认为区域规划是准内部行政行为，"区域规划一旦制定实施，对区域政府主体的行为具有拘束力。区域政府行政机关通过区域规划将未来一定时期内的行政活动所要达到的目标确定下来，并采取相应的方法和措施来保证行政目标的实现，从而避免行政的盲目性和随意性……区域规划并不直接体现行政主体与外部行政相对人之间的关系，即使这种政府间内部关系会发

---

① 李煜兴：《区域一体化背景下区域规划机制的法学反思》，《广西社会科学》2009 年第 9 期。

挥外部效应，能间接影响行政相对人的权益"①。依照行政行为理论，内部行政行为是指行政主体针对行政组织系统内部的机构或公务员所作的行政行为。区域规划的内容涉及整个合作区域的发展问题，并不局限于区域政府主体本身的问题，也会对外部公共事务和外部相对人产生影响，只不过还需要行政主体进一步采取具体行政行为，才能直接而现实地影响行政相对人的权利与义务。因此，简单将其认定为内部行政行为并不妥当。

（三）完善区域规划的实施机制

从理论上说，规划的实施机制包括强制性机制和非强制性机制。从域外的实践来看，基于不同的法律传统也有不同的做法。在德国行政法中，编制完成的区域规划往往被视为以法律规范形式作出的规划，因此，区域规划不仅具有专门而统一的组织法和行为法依据，经过批准的区域规划本身也是法律的一种存在形式，区域规划所设定的目标与手段最终转化为法律上的职权与职责、权利与义务，从而奠定了区域规划法律上的权威性，为区域规划实施铺平了道路。虽然美国区域规划的编制与实施也具有其法律基础，但是基于联邦、州与地方政府间的分权体制以及市场化导向，区域规划本身并不当然地具有法律约束力。区域规划本身是一种引导性而非强制性机制，但以基金支持、财政扶持等刺激激励机制来保障规划的最终实施。②

我国区域规划实施机制由于没有法律规定，因此比较灵活。除了国务院、发改委等相关上级部门督促实施之外，实践中主要通过区域内各地方政府的协商、协议、联席会议制度来推进区域规划实现。上述方式的优点在于灵活，缺点在于真正出现利益冲突的时候，规划内容就无法实施。从区域行政主体内部来说，区域规划的实施监督与评估机制并不完善，因此区域规划的落实程度往往取决于行政首长的积极性。同时，对于区域规划的实施也缺乏相应的公众参与与监督机制。从区域规划的类型上看，其属于抽象行政行为，合作区域的公民、法人或者其他组织也不可能直接寻求司法救济。因此，我国目前区域规划的实施主要还是依靠地方立法和行政规范性文件来确认、转换和落实，例如，2006 年广东省人大制定并颁布

---

① 李煜兴：《区域一体化背景下区域规划机制的法学反思》，《广西社会科学》2009 年第9 期。

② 李煜兴：《我国区域规划法治化的途径与机制研究》，《河北法学》2009 年第10 期。

《珠江三角洲城镇群协调发展规划实施条例》，以地方性法规的形式确立了《珠江三角洲城镇群协调发展规划》的法律地位，2007 年底湖南省人民代表大会常务委员会审议通过《湖南省长株潭城市群区域规划条例》，为长株潭城市群区域规划在长沙、株洲、湘潭等市的实施奠定了法律基础。跨省的区域规划，则可以通过合作区域内各地方政府分别立法或者协作立法予以落实。没有立法权的地方政府，则可以通过制定规范性文件分解、落实区域规划的内容。当然，政府的项目资金支持、财政扶持等，是区域规划实现的必要条件。

总的来说，区域规划属于抽象行政行为，至于属于内部行政行为还是外部行政行为，需要具体情况具体分析。作为内部行政行为，区域规划在行政系统内部发挥重要作用。它们依靠行政机关上下级之间的关系，得以层层落实；作为外部行政行为，在区域合作法治化的背景下，区域规划的制定过程要遵循法律保留原则，实施过程要服从依法行政原则。从区域规划相关制度的完善角度看：一方面，各地制定的规范性文件备案审查制度中，应当补充和完善关于区域规划的备案审查规定；另一方面，公民、法人或者其他组织合法权益遭到实施规划的具体行政行为的侵犯时，依法可以提起复议或者诉讼，并且按照《行政诉讼法》相关规定，在审查具体行政行为之时，对作为依据的区域规划进行审查。

第二节　区域合作中地方利益协调规则
体系之行政协议

行政协议是区域利益协调中应用最为广泛的一种方式，从名称上看，形式多样。有合作宣言、共同宣言，例如"长三角"区域陆续缔结的《长江三角洲旅游城市合作宣言》《长江三角洲人才开发一体化共同宣言》；有实施意见、意向书，例如《关于以筹办"世博会"为契机，加快长江三角洲城市联动发展的意见》《杭州市人民政府、武汉市人民政府经济技术合作意向书》等；其中，以"协议"命名的最多，例如：2004 年 6 月，粤、闽、赣、桂、琼、湘、川、滇、黔九省区和港、澳两个特别行政区共同签署了《泛珠三角区域合作框架协议》；2012 年 6 月，泸县、内江隆昌县、宜宾长宁县、江安县、自贡富顺县、重庆大足、荣昌、潼南县等渝西川东南 16 个区县共同签订《渝西川东南区县旅游联盟合作框架协议》，结成旅游联盟。除此之外，实践中还有倡议书、章程、纪要、备忘录、方案、计划等形式的行政协议，例如《推进环渤海区域合作的天津倡议》《泛珠三角区域外经贸合作备忘录》《环渤海地区经济联合市长联席会办公室章程》《关于加强价格工作交流与协作、促进西咸经济一体化建设会议纪要》等。在区域合作过程中，无论是经济全方位合作还是某一个领域的合作，无论是实现合作各方优势互补还是协调一致，行政协议运用得最为频繁。

一　行政协议在区域利益协调中的作用

在区域一体化进程中，行政区域与经济区域之间的矛盾根深蒂固。政府介入经济的程度过深，地方政府之间缺乏有效的协调和协作，就会阻碍区域一体化和有序市场的建立。在众多地方利益协调机制中，行政协议具备独有的长处和优势。

一方面，行政协议是地方政府之间建构的自律和他律相结合的合作机制。在订立行政协议的过程中，各方政府都会从自身最大利益出发，同时也会兼顾区域整体利益和其他合作方的利益。因此，行政协议的订立过程是一个多方利益的博弈过程，只有在各方利益基本一致的前提下，才有可能达成共识。由于行政协议能够体现地方政府所代表的地方利益，地方就有履行合同的积极性，履行行政协议的过程就是一个"自律"的过程。同时，"契约必须履行"，各地方政府的履约行为也是相互对照、相比监督的，如果其中一方不能全面履行协议约定的义务，或者试图修改自己的承诺，就必须跟其他各方进行协商，不得单方作出决定，从这个意义上说，行政协议也是一个"他律"机制。

另一方面，行政协议是原则性与灵活性相结合的合作机制。行政协议表现为政府的正式文件，代表着一种相对权威、持续稳定的合作机制。行政协议一旦作出，在没有经过法定程序撤销之前，都具有公定力、确定力、约束力、执行力，这一点与其他法律规范一致。但是，行政协议的订立过程比法律规范的制定过程要简便得多，行政协议的内容与法律规范相比，一般更为具体和灵活，更能够及时应对区域合作过程中出现的问题。与其他非正式的协商机制相比，行政协议又更为规范和稳定，对地方利益冲突的协调更具有可预见性。

行政协议的上述特征决定其能够成为地方政府间具有持续性和稳定性

的制度化合作机制，其包含的平等、自愿、协商、互利互惠等原则，最能体现区域合作的实质和精髓。

二　行政协议作为地方利益协调方式存在的问题

行政协议作为在区域合作实践中运用最多的一种地方利益协调方式，其暴露出来的问题也最受人们关注。在行政协议的签署权限、行政协议的效力以及围绕行政协议产生的纠纷的解决方式等问题上，都存在争议。

（一）签署行政协议的权限问题

目前，在我国经济一体化合作区域，大多采用的是行政协议的方式进行地方利益协调。据此，有学者认为，政府间的行政协议是实现地方利益协调的主要方式。① 但是，我国"宪法中'行政协议条款'的缺失使得依法行政原则难以维系"②。建议以美国经验作为借鉴，美国联邦宪法第1条第10款第1项规定，"任何一州，未经国会同意……不得与他州或者外国缔结协定或契约"。因此，加入有关行政协议的规定，是我国宪法修正应当考虑的内容。③ 也有学者认为，"地方人民政府以行政协议的形式来处理行政区域边界纠纷，法律上是允许和承认的。同样，地方人民政府以行政协议的形式来协调共同面临的发展问题，也并无不妥。由此看来，为了实现区域经济一体化，区域政府间缔结各种行政协议，在主体资格上并无瑕疵"④。因此，行政协议制定权限的法律依据问题值得进一步探讨。

（二）行政协议的效力问题

本书所探讨的行政协议的效力，包括效力来源、效力范围和效力等级，效力来源探究的是行政协议对各方当事人产生拘束力的原因；效力范围是指行政协议在多大范围内、对哪些主体产生效力；效力等级是指在法律体系中的位阶。何渊博士认为，"行政协议是行政机关之间就公共事务

① 参见何渊《泛珠三角地区政府间协议的法学分析》，《广西经济管理干部学院学报》2006年第1期。
② 参见何渊《试论美国宪法中的"协定条款"及对我国的启示》，《中国地质大学学报》（社会科学版）2007年第1期。
③ 何渊：《地方政府间关系——被遗忘的国家结构形式维度》，《宁波广播电视大学学报》2006年第2期。
④ 叶必丰：《我国区域经济一体化背景下的行政协议》，《法学研究》2006年第2期。

在平等协商基础上达成的公法性契约"①。叶必丰教授则将行政协议作为规范性文件对待。② 对行政协议性质定位不同，必然导致对其效力来源和效力等级的认识不同。

（三）行政协议的法律救济问题

行政协议是区域合作各方共同签署的、对合作各方产生约束力的文件。由于行政协议的制定没有明确的法律依据，因此，在行政协议得不到遵守的情况下，除了签约各方进行协商，很难找到其他救济途径。如果协商不成，很多问题就会搁置下来，相关当事人的权益得不到及时保护和救济。

三　区域法治化背景下对行政协议的再认识

当前，对于行政协议的签署权限、效力以及法律救济等问题存在的争议，究其根源在于对行政协议的性质认识不一。本书将对行政协议所具备的公法契约和行政规范性文件这两种特性分别进行阐释，深化对于行政协议的认识。

（一）作为公法契约的行政协议

从区域合作实践上看，行政协议是区域合作各方政府在平等自愿基础上协商一致达成的、对参与各方均具有约束力的文件。因此，可以将行政协议视为行政机关之间就公共事务在平等协商基础上达成的公法性契约或者行政合同。

行政合同从签订主体的角度看，可以分为行政机关之间订立的行政合同与行政机关和相对人订立的行政合同。目前对于行政机关与公民、法人或者其他组织之间为实现公共目标而订立的行政合同没有专门的立法，但是在一些程序性法律规定中有相关条款，例如《中华人民共和国行政诉讼法》（2014年修订）第12条将行政主体与行政相对人之间签订的行政合同纳入行政诉讼受案范围，公民、法人或者其他组织认为行政机关不依法履行、未按照约定履行或者违法变更、解除政府特许经营协议、土地房屋征收补偿协议等协议的，可以提起行政诉讼；2008年《湖南行政程序

---

① 叶必丰等：《行政协议：区域政府间合作机制研究》，法律出版社2010年版，第74页。
② 参见叶必丰等《行政协议：区域政府间合作机制研究》，法律出版社2010年版，第16页。

规定》第93条至第98条对行政合同适用范围、订立原则、形式、履行、解决等问题作出了规定。对于行政主体之间订立的行政合同，目前还没有相关法律规定。

正如学者指出的，"从根本上说，行政契约是行政机关在公共管理作用的领域为推行行政政策、实现行政目的而采取的行政手段，在契约中双方当事人形成的主要是行政法上的权利义务关系，对这种关系的调整必须适用行政法，对由此产生的争议也因循行政救济途径解决。而且更为重要的是，如果不存在解决行政契约纠纷的公法救济途径，将会助长'公法遁入私法'的趋势，造成行政法意义上的行政契约理论窒息和萎缩"①。在西班牙，行政协议被视为一种公法协议，《西班牙公共行政机关及共同的行政程序法》对行政协议的主要条款做了明确规定。② 我国虽然缺乏对行政合同的专门立法，但是无论上述哪一种行政合同，都不应当与私法合同相混淆。

1. 法律依据

订立行政协议的法律依据，可以从现行诸多法律规范中找到。例如，1989年开始实施的《行政区域边界争议处理条例》第3条规定："处理因行政区域界线不明确而发生的边界争议，应当按照有利于各族人民的团结，有利于国家的统一管理，有利于保护、开发和利用自然资源的原则，由争议双方人民政府从实际情况出发，兼顾当地双方群众的生产和生活，实事求是，互谅互让地协商解决。"《中华人民共和国水法》第56条规定："不同行政区域之间发生水事纠纷的，应当协商处理；协商不成的，由上一级人民政府裁决，有关各方必须遵照执行。"《中华人民共和国环境保护法》第20条规定："国家建立跨行政区域的重点区域、流域环境污染和生态破坏联合防治协调机制，实行统一规划、统一标准、统一监测、统一的防治措施。前款规定以外的跨行政区域的环境污染和生态破坏的防治，由上级人民政府协调解决，或者由有关地方人民政府协商解决。"将行政协议视为公法契约的话，"行政协议不同于单方面的决定，不是以命令与服从为理念，而是一种以平等、自愿和协商为理念而形成的法律机制。因此，地方人民政府以行政协议的形式来处理行政区域边界纠

① 余凌云：《行政契约论》（第2版），中国人民大学出版社2006年版，第119页。
② 叶必丰等：《行政协议：区域政府间合作机制研究》，法律出版社2010年版，第13页。

纷，法律上是允许和承认的。同样，地方人民政府以行政协议的形式来协调共同面临的发展问题，也并无不妥"①。因此，从公法契约的角度理解行政协议，其订立权限并不违反权力法定的原则。

2. 效力范围

从行政协议的效力来源上看，由于其属于公法契约，根据古老的法治原则，"契约必须遵守"，因此契约对签署各方当事人产生约束力。

关于行政协议的效力范围，根据合同法的相关理论，合同在一般情况下只对订立合同的各方当事人产生约束力，不会涉及其他主体，即合同的相同性。但是，随着社会的发展，对合同的社会功能提出了新的要求。为了适应现实的需要，合同的相对性被突破，受合同效力影响的第三人范围越来越宽，合同相对性理论也逐渐受到冲击，例如，第三人可以以租赁权对抗房屋买受人。公法契约虽然与私法契约在主体、订立目的、解除权等方面存在较大差别，但是也存在突破合同相对性的情形。有些行政协议所规定的权利义务，原则上只涉及缔约机关本身，与行政相对人并无直接的关系，但是"随着契约相对性的不断被突破，行政协议也越来越多地影响到行政相对人的利益。况且，缔约机关所代表的公益与行政相对人的私益也总是息息相关"②。因此，行政协议的效力范围不仅及于订立合同的各方当事人，还有可能及于其他相对人。

行政协议作为一种公法契约，与行政主体制定的法律规范不同，不存在效力等级的问题。签署行政协议的各方当事人遵循诚实信用原则，全面履行协议。

3. 救济途径

目前，我国行政协议实施过程中纠纷解决机制欠缺，实践中一方不履行或者不完全履行行政协议，除了共同的上级政府进行协调之外，没有其他规范、长效的解决机制。对行政协议纠纷的解决，美国经验可以借鉴。"在美国主要有两种途径：一是仲裁或调解等 ADR 手段，即由协定双方以及他们同意或选出第三个人组成仲裁委员会或调解委员会来处理争端等；二是司法途径，即成员方之间由协定的解释、实施或者权利

---

① 叶必丰等：《行政协议：区域政府间合作机制研究》，法律出版社 2010 年版，第 9 页。
② 同上书，第 228 页。

义务的确认等引起的纠纷通常都在美国联邦最高法院进行诉讼。"① 当然,对于我国来说,行政机关之间的争议并没有纳入行政诉讼的受案范围,公法契约与民事契约之间又有着严格的区分,不能以《中华人民共和国合同法》为依据提起民事诉讼,因此通过诉讼程序解决比较困难。但是,行政协议的各方当事人在订立协议过程中约定仲裁、调解条款是可行的。

有学者以当前区域合作中政府签订的行政协议为例,对其主要条款进行了总结:(1)签署协议的机构及各方的法律能力;(2)合作的共识;(3)合作安排;(4)所要成立的工作机构或合作机制;(5)协议的加入或退出;(6)生效时间;(7)协议的修改、补充。② 可见,当前我国区域合作中签订的行政协议大多只注重规定合作双方的权利义务、合作目标、具体合作事项等,对于订立行政合同各方违约责任以及纠纷解决途径的规定甚少,才导致了行政协议效力的实现不尽如人意。

(二)作为规范性文件的行政协议

行政协议一旦订立,对合作区域的各方主体都会产生影响,而不仅仅是约束签署协议的各方政府。正如学者所说:"如果行政协议只是一种合同,那么对公众就没有约束力,因为缔约双方不能通过合同来反对或者约束第三方,公众并不是行政协议的缔约主体。我们如果把政府假设为公众的缔约代表,那么公众是缔约主体,政府只是代理人,这显然与行政协议的要求不符……因此,我们主张把行政协议作为法律规范性文件来对待,使行政协议不仅仅约束缔约方,而且也约束辖区内所涉及的公众。"③ 如果将行政协议作为规范性文件,那么与公法契约相比较,其法律依据、效力、救济机制就存在很大差别。

1. 法律依据

在法律依据方面,如果将行政协议作为规范性文件,那么1989年开始实施的《行政区域边界争议处理条例》第3条、《中华人民共和国水法》第56条、《中华人民共和国环境保护法》第20条等规定,是否还能成为行政协议的制定依据就存在疑问。例如,王春业教授提出,公权力的

---

① 叶必丰等:《行政协议:区域政府间合作机制研究》,法律出版社2010年版,第192页。
② 同上书,第14—15页。
③ 叶必丰:《我国区域一体化背景下的行政协议——以长三角区域为样本》,《法学研究》2006年第3期。

原理是法无明文规定即不能行使，将上述法律条款作为政府之间订立行政协议的依据并不具有说服力。①

　　如果没有法律规范的明确授权，作为一种类似抽象行政行为存在的行政协议，要获得合法性，是否一定要得到有权机关的授权或者批准？有学者认为，"无论是美国还是西班牙，对州际协定或地方行政协议都是由中央的议事机构即国会、参议院来监控的。但我国的情况是，省级人民政府既是国务院的下级行政机关又是本级人大及常委会的执行机关，与全国人大及其常委会之间没有直接的隶属关系。省级以下政府与全国人大及常委会之间的中间环节更多。因此我们认为省际行政协议应由国务院负责监控"②。在美国联邦体制下，州际协定同时具有州法和合同性质。③ 在州法这个意义上，首先是美国宪法第 1 条第 10 款第 1 项规定，未经国会同意，各州不得和另外一州或国缔结任何协定或契约。美国联邦上诉法院在 1962 年 Tobin v. United States 案中裁决，"除非得到国会的批准，政治性的州际协定不能生效，而不涉及政治的州际协定不必得到国会的同意"④。但是，不涉及政治的社会和经济事务也可能影响联邦政府对各州的控制。于是，美国最高法院在 1978 年的裁决中又解释道，如果一个州际协定没有通过侵占联邦政府权力的方式来扩大作为成员国的州的权力的话，并不需要国会的同意。⑤

　　当然，我国是单一制国家，中央集权程度更高，中央与地方的关系更为紧密，因此美国联邦与州之间的权力配置标准并不适合我们，但是对作为州法的州际协定的制约机制，值得我们在思考行政协议审查监督机制之时借鉴。在区域合作实践中，开展合作的地方政府层级多样，签订的行政协议种类繁多，而且除省际行政协议之外，对其他层级政府间协议也需要建立起相应监控机制。行政协议的批准程序可以参照规范性文件审查备案程序，由签订行政协议的地方政府共同的上一级政府审查批准。

---

① 参见王春业《区域合作背景下地方联合立法研究》，中国经济出版社 2014 年版，第 179 页。

② 叶必丰等：《行政协议：区域政府间合作机制研究》，法律出版社 2010 年版，第 12 页。

③ 何渊：《州际协定——美国的政府间协调机制》，《国家行政学院学报》2006 年第 2 期。

④ Tobin v. United States. 306 F. 2nd 270 at 2724，D. C. Cir（1962）.

⑤ Steel Corp. v. Multistate Tax Commission. 434 U. S. 452（1978）.

2. 效力问题

有学者认为行政协议的效力要依据制定主体的等级而定，地市级及以上政府签订的赋予法律效力，地市级以下的政府可以签订政府协议，但是不具有法律效力。"如同可以将规章及以上的规范性文件作为法律渊源而不包括规章以下的规范性文件一样，具有法律效力的政府协议也应限于一定级别的政府间所签的协议。"① 进而提出确认行政协议效力的规则如下："每个行政主体所签订的政府协议的效力，都比其单独制定的政府规章或发布的行政规范性文件的效力高。在这一原则的前提下，省级人民政府所签订的政府协议仍然属于规章性质，但其效力高于其单独制定的规章的效力；省会城市及较大城市政府签订的政府协议效力高于其发布的地方规章，但不得与省级政府规章相冲突；不具有立法权的政府签订的政府协议的效力高于其制定的行政规范性文件。"②

笔者认为上述观点值得商榷。依据制定主体的等级确定行政协议的效力并不合理。在我国的法律规范体系中，某一规范的效力位阶，并不是按照制定主体来确定的。根据《行政诉讼法》第 63 条的规定，人民法院审理案件参照规章。规章以上的法律规范，则是人民法院审理行政案件的依据。国务院可以制定行政法规，也可以制定其他规范性文件，其他规范性文件的效力，是低于行政法规和规章的。区域合作过程中，两个地方政府共同制定的行政协议，属于其他规范性文件，其效力并不必然高于其中一个地方制定的规章。规章以及规章以上的法律规范，都是依据《立法法》，通过立法程序制定的，立法程序比其他规范性文件制定程序更为严格，在民主性和科学性的要求上更高。因此，无论哪一级政府签订的行政协议，都只能定位为其他规范性文件，其效力不能与行政法规、地方性法规和规章等同。否则，就会危及"良法之治"的基本法治理念。诚然，在区域合作实践中，立法的抽象性和稳定性决定了其常常滞后于社会生活，无法对区域合作提供指导和预测，而行政协议的灵活性和具体性能够弥补立法的缺陷。区域行政协议通常是区域合作各方在经济交往、公共事务治理等方面达成的共识，大多是对地方立法的细化和补充，如果同级政府的行政协议与规章等地方性立法存在冲突，但是符合区域发展的实际和

---

① 王春业：《区域合作背景下地方联合立法研究》，中国经济出版社 2014 年版，第 185 页。
② 同上书，第 192 页。

当地公民的合法权益，可以通过修改立法的方式实现行政协议与地方性立法的一致。

　　3. 法律救济途径

　　区域行政协议表现为一种规范性文件，也是区域合作各方政府共同作出的抽象行政行为。一般情况下，对区域行政协议的内容产生争议，首先应当由签订协议各方进行协商解决，如果协商不成，只能提请共同的上级人民政府进行裁决。政府之间的行政争议，超出了目前我国司法救济制度的范围。

　　综上所述，区域行政协议可以从公法契约的角度进行阐释，也可以从行政规范性文件的角度进行阐释，这两种属性之间并不矛盾，实践中行政协议种类繁多，涉及内容广泛，因其制定和实施的灵活性，在区域合作的地方利益的协调过程中发挥着重要作用。目前的研究成果多做"非此即彼"的论断，因而"顾此失彼"，无法全面认识区域行政协议的属性，更谈不上利用行政协议的复杂属性完善当前的地方利益协调机制。为更好地解决区域行政协议履行过程中出现的纠纷，在订立行政协议的过程中尽可能写明争议解决方式，便于合作各方政府按照公法契约的方式，协商解决问题，达不成共识的话还可以申请各自的上一级政府进行协商，实在协商不成，向共同的上级人民政府申请裁决。当然，要借鉴美国的经验组成仲裁或是调解委员会，或者采取其他的替代性纠纷解决方式，还需要从立法上进一步明确。这样一来，行政协议才会成为"软硬"兼具的地方利益协调方式。

第三节　区域合作中地方利益协调规则体系之协作立法

　　实践中，传统行政区治理方式往往使跨界公共事务治理陷入困境。立法，从根本上说就是有权主体对利益进行配置和确认。因此，区域立法合作是协调地方政府之间利益冲突的重要方式。

　　一　区域协作立法概述

　　根据《立法法》的规定，我国地方立法有三种形式：一是制定地方政府规章；二是制定地方性法规；三是民族自治地方制定自治条例和单行条例。《立法法》修订之前，地方性法规与地方政府规章的制定主体都是以省级行政区划、较大市的行政区划为基本单位进行的。2015 年《立法法》修订之后，设区的市和自治州在城乡建设与管理、环境保护、历史文化保护等三个方面也具有了地方性法规制定权。因此，区域内地方立法合作也应当包含三个方面。一是地方政府之间合作制定行政规章，例如 2006 年 1 月，辽宁、黑龙江和吉林三省共同签署的《东北三省政府立法协作框架协议》，这是我国首部区域政府立法协调协议。按照框架协议，东北三省政府的立法协作将采取三种方式：对于政府关注、群众关心的难点、热点、重点立法项目，三省将成立联合工作组；对于共性的立法项目，由一省牵头组织起草，其他两省予以配合；对于三省有共识的其他项目，由各省独立立法，而结果三省共享——这被分别概括为紧密型、半紧密型和分散型的协作。① 二是地方人民代表大会及其常务委员会之间合作制定地方性法规。例如，2015 年底武陵山片区的恩施土家族苗族自治州与湘西土家族苗族自治州人大就酉水河保护问题启动了协作立法工作，双方共同制定《酉水河保护条例》的草案文本，由双方的人民代表大会常务委员会审议后，分别报请湖北省人大常委会和湖南省人大常委会批准。三是不同民族自治地方人大及其常委会之间合作制定单行条例。

协作立法是比行政协议更为正式和"刚性"的利益协调方式。对于目前区域合作中签订的大量行政协议，有学者认为虽然其起到了一定的作用，"但是仅为合作的初始形式，而且行政机关能否决定地区间的合作是存在疑问的。根据宪法和地方组织法的规定，人大是权力机关，行政机关是执行机关，人大行使立法权和重大事项的决定权，像地区合作这样重大的事项，行政机关应当报由人大及其常委会审议决定"②。《东北三省政府立法协作框架协议》所确立的发送通报、每年一次的联席会议、立法草案共享等做法，对解决区域内立法横向冲突具有一定的作用。但其实质只是一种立法上的交流、借鉴。真正意义上的立法协作并不止于此。还有学者认为美国的州际协议并不是行政协议，其"尽管由州长签署，但要经州议会批准，并作为正式法律文本在本州公布，编撰入本州法典和国家法

---

① 参见钱昊平《东北三省横向协作立法 能否一法通三省受关注》，《新京报》2006 年 8 月 4 日。

② 王腊生：《地方立法协作重大问题探讨》，《法治论丛》2008 年第 3 期。

典，实质上是各州为解决共同问题而采取的共同立法行动的表现形式"①。因此，建议采用地方之间联合立法的方式实现地方利益协调，不过，当前区域合作中的共同立法项目还是采取由协作方的省、市立法主体各自审议通过的方式予以制定。在形式上也不冠以区域的名称，而仍用所在省、市名称，具体表现仍为各省、市通过的地方性法规、政府规章。这样一来，并没有对我国现行立法体制造成冲击。为了发挥协作立法的作用，增加对协作各方的约束力，有学者还提出建立区域内地方立法之间的交叉备案制度。②

二　区域协作立法作为地方利益协调机制存在的问题

我国现行《宪法》《立法法》以及各级组织法对于区域地方政府或者地方人民代表大会及常委会之间的协作立法没有规定，但是区域协作立法已经逐渐成为区域合作的一种重要方式。区域协作立法的权限依据、协作立法的效力、对协作立法的监督等问题，越来越受到学界的关注。

（一）区域协作立法的依据问题

对于区域协作立法的依据缺失问题，有学者认为，"对于区域行政立法，由于从立法主体到立法权限等，在法律中都没有规定，因而，其效力等级也是法律上的缺失，尤其是区域行政立法与地方性法规以及与地方规章的关系问题：即如果区域行政立法与地方性法规相冲突时，应如何解决，更是需要法律迫切解决的问题。对此，应在相关法律中予以明确"③。实践中，区域内的各地方人民代表大会及其常委会之间进行的协作立法，也没有明确的法律依据。是否有必要将区域协作立法写入《宪法》或者《立法法》？在宪法和法律没有明确规定区域协作立法问题时，区域地方政府之间展开协作立法是否有违法或者违宪嫌疑？这些都是需要进一步探讨的问题。

（二）区域协作立法的效力位阶问题

对于区域协作立法的效力位阶问题，有学者认为，"就长三角而言，

① 王腊生：《地方立法协作重大问题探讨》，《法治论丛》2008年第3期。
② 王春业：《区域合作背景下地方联合立法研究》，中国经济出版社2014年版，第202页。
③ 王春业：《区域行政立法模式——长三角一体化协调的路径选择》，载史德保主编《长三角法学论坛——长三角区域法制协调中的地方立法》，上海人民出版社2008年版，第101页。

由于区域行政立法具有较为特殊的性质，它是由政府制定的，这使它不同于地方权力机关的地方法规，但它又是几个有地方行政立法权的政府联合制定的，因而它又不同于地方政府规章。为此，首先，应将区域行政立法形式作为我国法律渊源之一，从而使它成为我国立法的合法法律形式，有利于它的良性发展。至于区域行政立法的位阶，由于法律位阶是依据法律规范的效力来源而确定法律规范之间相互关系的，因此，在效力上，区域行政立法应在省级的地方性法规之下，而在地方规章之上。这样规定的目的，主要从制定机关的性质及立法权限考虑的，不能因为区域行政立法适用范围广而使之凌驾于地方人大和地方性法规之上"①。但是，区域协作立法有不同的形式，其效力位阶是否都可以处于地方政府规章之上、省级地方性法规之下？除了区域行政立法之外，区域地方人民代表大会及常委会协作立法的效力位阶如何确定？这些问题还有待探讨。

（三）对地方协作立法的审查监督问题

地方协作立法包括行政立法与人大立法两种协作方式。对于行政协作立法的审查监督问题，有学者认为，"这种行政立法虽然在范围上仍属于地方政府的立法，但由于其适用范围已超过现有的行政区划，因此，如果再由地方国家权力机关直接进行监督审查就容易产生诸多问题。应确立主要由国务院负责监督审查为主、地方人大及其常委会协助监督的审查监督体制"②。对于人大协作立法的监督问题，由于地方人民代表大会及其常委会之间协作立法极为少见，因此还没有受到关注。那么，地方人民代表大会及其常委会的协作立法，是否应由全国人民代表大会常务委员会负责审查？在当前的立法体制下，人大协作立法与政府协作立法究竟有哪些差异？地方立法究竟有多大的协作空间？都是值得进一步探讨的问题。

三　对区域协作立法作为地方利益协调机制的再认识

区域合作的发展推动规则的多元化，除区域规划、行政协议之外，地方协作立法也逐渐开展起来。由于我国存在立法主体多元化现象，区域合作实践中制定规则的主体既包括地方各级人民政府，又包括地方各级人民

---

① 王春业：《区域行政立法模式——长三角一体化协调的路径选择》，载史德保主编《长三角法学论坛——长三角区域法制协调中的地方立法》，上海人民出版社 2008 年版，第 101 页。

② 同上书，第 103 页。

代表大会及常委会。本书将结合协作立法这种地方利益协调机制在实施过程中面临的问题和相关学者的观点，运用区域法治化的基本原理和原则，深化对区域协作立法的认识。

（一）对区域联合立法、协作立法与同步立法的认识

对于经济一体化区域内各地方的立法合作现象，有不同的说法，有人称为"立法协作"或者"协作立法"，例如《东北三省政府立法协作框架协议》采用"立法协作"的说法；有人称为"联合立法"，例如王春业教授在其著作《区域合作背景下地方联合立法研究》中采用的是"联合立法"的说法；还有人称为"同步立法"。概念是人们认识的总结和提炼，不同的概念代表着不同的内涵和外延。本书认为，从文义上看，这三个概念有着不同的侧重点，联合立法强调的是立法主体之间的联合，比较松散的立法主体联合一般是区域立法联席会议，比较紧密的联合则是成立区域立法委员会等专门立法机构，本书在后一个意义上讨论联合立法，以区别于协作立法和同步立法；协作立法强调的是立法过程中的沟通，例如立法项目的沟通、立法草案的共同商定、其他立法信息的沟通与转达等；同步立法强调的是立法时间表的一致，例如立法规划的同步、立法起草进程的同步、立法审议与出台时间的同步，等等。目前，我国区域合作实践中的立法合作，究竟是联合立法、协作立法还是同步立法？对这个问题的回答，是探讨其权限依据、效力等级以及审查监督的前提。

区域地方政府在行政立法上的合作，可以以《东北三省政府立法协作框架协议》构建的区域政府立法合作机制为例进行考察。按照框架协议，东北三省政府的立法协作采取三种方式：对于政府关注、群众关心的难点、热点、重点立法项目，三省将成立联合工作组；对于共性的立法项目，由一省牵头组织起草，其他两省予以配合；对于三省有共识的其他项目，由各省独立立法，而结果三省共享。第一种立法合作方式中，各方联系最为紧密；第三种立法合作方式中，各方联系最为松散。"该协议出台之后，三省政府便确定 2006 年在九个立法项目上进行协作：黑龙江省完成的立法项目是《行政许可监督条例》《国家机关机构和编制管理条例》，论证项目是《黑龙江公民医疗权益保障条例》；吉林省完成的立法项目是《行政决策实施办法》《扶持、鼓励非公有制经济若干规定》，论证项目是《促进就业条例》；辽宁省完成的立法项目是《企业信用信息管理办法》《辽宁省个人信用管理办法》，论证项目是《突发公共事件应急条例》。"① 从上述立法合作实践可以看出，东北三省的立法合作实际还是采取由协作方各自审议通过的方式予以制定。没有组成联合立法机构，在形式上也并没有冠以"区域"之名，具体表现仍为各省通过的地方政府规章。因此，类似东北三省的我国区域合作立法框架，只属于协作立法或者同步立法，还没有走出真正意义上的联合立法（成立联合立法机构）这一步。

区域各地方人民代表大会及常委会的立法合作，可以以 2015 年地处武陵山片区的恩施土家族苗族自治州与湘西土家族苗族自治州人大共同启动的《酉水河保护条例》制定工作为例进行考察。区域内地方人大及其常委会协作立法，这在全国也属首次尝试。根据酉水河保护立法工作第一次联席会议纪要，湖南省湘西土家族苗族自治州人大常务委员会与湖北省恩施土家族苗族自治州人大常务委员会商定将《酉水河保护条例》分别纳入 2015 年本届人大常委会立法计划外，还要向各自省市人大常委会负责立法的工作机构作汇报，将制定《酉水河保护条例》分别纳入 2016 年省市人大常委会立法计划。然后双方共同委托专家组进行草案的起草工作，草案由双方的人民代表大会常务委员会审议后，分别报请湖北省人大常委会和湖南省人大常委会批准。② 从上述立法合作过程可以看出，两个自治州人大常委会也是在同一个文本的基础上分别提交审议，两地分别出台地方性法规，这个过程也属协作立法、同步立法，并没有实现联合立法（成立联合立法机构）。

（二）作为地方利益协调机制的协作立法与同步立法

当前，我国区域合作实践中的立法合作，仅仅属于协作立法和同步立法。从立法主体上说，是由合作各方人民政府或者人民代表大会及常委会进行立法；从立法的表现形式上说，制定的是地方政府规章或地方性法规（民族自治地方可以协作制定单行条例）；从立法的程序上说，在合作各方之间建立起立法联席会议，遵循立法联席会议决定制订立法计划，然后按照地方政府规章和地方性法规的制定程序进行立法；从立法的适用范围上说，合作各方分别通过的地方政府规章或者地方性法规也只适用于本行

① 王春业：《区域合作背景下地方联合立法研究》，中国经济出版社 2014 年版，第 156 页。
② 参见胡域《湘西恩施跨省立法 协同保护酉水河》，来源：红网，访问时间：2015 年 12 月。

政区域内，并不适用于整个合作区域。

从整个协作立法与同步立法主体以及立法过程看，并没有突破现有的立法体制和宪政架构，不存在违法或者违宪嫌疑。虽然立法联席会议这种磋商形式在法律中找不到直接依据，但是也能找到协作立法的授权依据。例如，《中华人民共和国环境保护法》第 20 条规定："国家建立跨行政区域的重点区域、流域环境污染和生态破坏联合防治协调机制，实行统一规划、统一标准、统一监测、统一的防治措施。前款规定以外的跨行政区域的环境污染和生态破坏的防治，由上级人民政府协调解决，或者由有关地方人民政府协商解决。"依据该条规定，区域合作各方建立联席会议制度，对流域生态保护问题展开协商完全不存在问题。通过协作立法、同步立法机制制定的规章或者地方性法规，在效力位阶或者审查监督问题上，与一般的地方立法一样，也不存在什么争议。

（三）作为地方利益协调机制的联合立法

在我国现行的立法体制下，主要包括法律、行政法规、部委规章等中央层面的立法和地方政府规章、地方性法规等地方层面的立法，民族自治地方还包括自治条例和单行条例。区域层面的合作，主要是经济贸易和公共事务的治理方面的合作，区域一体化的目标主要也体现在经济发展和社会公共事务方面。在立法、行政、司法层面主要是以协作的方式展开，要设立联合机构缺乏宪法和组织法上的依据。有学者对区域共同规章提出了设想，"区域共同规章制定主体是由区域内各地方政府组成的区域行政立法委员会，它是地方政府的联合立法机构。该立法主体依据一定的立法程序，对区域内共同事项制定具有法律拘束力的行为规范"①。这样的联合立法方式确实可以降低立法成本，提高区域合作的效率，但是与现行立法体制不符，在立法权限、效力等级、制定程序、审查监督等方面都存在问题。

综上所述，我国区域合作实践中的立法合作方式主要是协作立法与同步立法，由于没有突破现行的宪政框架与立法体制，并不存在合宪性与合法性问题。需要指出的是，协作立法本身成本较高，需要根据实际情况选择协作立法方式。2015 年《立法法》修订后，对地方政府规章的适用时限作出了规定。依据《立法法》第 82 条第 5 款，"应当制定地方性法规

---

① 王春业：《区域合作背景下地方联合立法研究》，中国经济出版社 2014 年版，第 157 页。

但条件尚不成熟的，因行政管理迫切需要，可以先制定地方政府规章。规章实施满两年需要继续实施规章所规定的行政措施的，应当提请本级人民代表大会或者其常务委员会制定地方性法规"，在地方立法合作中，对于关系到整个区域长期发展的问题，可以采用各地方人民代表大会及常委会协作制定地方性法规的方式，对于某些比较迫切需要解决的、制定地方性法规条件不成熟、成本太高的，可以选择地方政府之间协作制定规章的方式。

（四）区域立法协作决议的效力问题

区域立法协作是一个复杂的利益博弈过程，通过联席会议等立法协作组织出台的立法协作决议（实践中体现为决议、会议纪要、备忘录等）在实践中能否得到实现是个问题。实践中，完全可能出现某合作一方的权力机关表决通过法案而另一方权力机关表决没通过的情形，达不到立法协调的目的，或合作各方都对法案的条款进行了重大修改以至于违背了立法协作的初衷。

为了促进区域合作的实现，有学者提出立法机构一体化的设想。主张以立法机构一体化的方式实现地方利益协调的观点分为两个方面：一是采用地方层面的统一立法；二是采用中央层面的统一立法。

在地方层面，像珠三角地区那样，在同一个省市内采取统一立法，实行区域法制协调并不存在什么问题。但是跨省市的区域法制协调，则面临困难。有学者认为，由于中央行政立法缺乏针对性，而地方规章的范围又过于局限，因此可以在中央立法和各省市立法之间加上区域行政立法。即在法制统一的前提下，经国家权力机关或国务院授权，由相关省市政府在协商自愿的基础上组成区域行政立法委员会，作为区域行政立法机构，制定能在相关省内统一适用的行政立法。①

建议在中央层面进行立法合作的学者认为，"我国由于机构改革大大滞后于区域经济发展，目前中央政府尚未建立起专门性的区域协调机构，这完全有悖于区域合作的基本原则和发达国家的普遍做法。在西欧国家，议会中都有永久性的或临时性的专门委员会，其职能是既介入一般区域管理与规划制定，又参与最严重的区域问题。因此，中央政府设立一个负责

---

① 参见方世荣、王春业《经济一体化与地方行政立法变革——区域行政立法模式前瞻》，《行政法学研究》2008年第3期。

区域管理的综合性权威机构：区域协调管理委员会"①。同时制定国家区域开发方面的法律，如西部开发法、东北老工业基地振兴法等，由此形成完善而统一的区域法制协调机制。区域合作往往涉及财政、税收、海关、金融和外贸在省级行政区域之间合作的基本原则和基本方式，这些都是国家立法的范围，因此有必要在中央层面实行法制协调。②

　　上述观点所主张的内容虽有差异，但是思考路径却一致：通过立法机构一体化的方式来实现立法合作。立法机构一体化是美国、欧盟等国家和地区展开区域立法合作的主要方式。在美国，州际协定也规定成立相应的机构来负责实施，州际协定是法律明确规定的，其实施机构的法律地位、组织和运行也是由法律规定的。③ 欧盟一体化过程中对各成员国之间的联合立法方式，不仅通过共同签订条约的方式进行，更多的是通过成立超国家的机构并赋予各机构以立法权来协调各成员国的立法。作为欧盟政府间机构的欧洲理事会与部长理事会，就是欧盟的主要立法机构。④ 随着我国区域法治化进程的发展，区域立法合作必将更为频繁、合作程度更为加深，通过立法机构一体化的方式实现区域合作并非不可能。只是在当前的宪政体制下，还有以下问题需要解决。

　　第一，要修改我国现行《宪法》《地方组织法》《立法法》等相关法律，为区域间的合作组织提供组织法上的依据。

　　第二，要由中央政府进行机构改革，通过"顶层设计"去推动立法机构的一体化。

　　第三，要解决区域合作立法的效力位阶问题。对于区域协作立法的效力位阶问题，有学者认为，"首先，应将区域行政立法形式作为我国法律渊源之一，从而使它成为我国立法的合法法律形式，有利于它的良性发展。至于区域行政立法的位阶，由于法律位阶是依据法律规范的效力来源而确定法律规范之间相互关系的，因此，在效力上，区域行政立法应在省

　　① 陈瑞莲等：《区域公共管理理论与实践研究》，中国社会科学出版社 2008 年版，第314 页。
　　② 参见韦以明、周毅《区域合作经济的国家立法回应——以泛珠三角区域合作为主例》，《学术论坛》2006 年第 10 期；宣文俊《关于长三角洲地区经济发展中的法律问题的思考》，《社会科学》2005 年第 1 期。
　　③ 叶必丰等：《行政协议：区域政府间合作机制研究》，法律出版社 2010 年版，第 19 页。
　　④ 参见刘秀文等《欧洲联盟政策及政策过程研究》，法律出版社 2003 年版，第 104 页。

级的地方性法规之下，而在地方规章之上。这样规定的目的，主要从制定机关的性质及立法权限考虑的，不能因为区域行政立法适用范围广而使之凌驾于地方人大和地方性法规之上"①。但是，区域协作立法有不同的形式，其效力位阶是否都可以处于地方政府规章之上、省级地方性法规之下？除了区域行政立法之外，区域地方人民代表大会及常委会协作立法的效力位阶如何确定？这些问题不仅需要在理论层面进行探讨，还需要通过《立法法》或者相关法律予以确定。

第四，要解决对区域合作立法的审查监督问题。对地方协作立法的审查监督问题，有学者认为，"这种行政立法虽然在范围上仍属于地方政府的立法，但由于其适用范围已超过现有的行政区划，因此，如果再由地方国家权力机关直接进行监督审查就容易产生诸多问题。应确立主要由国务院负责监督审查为主、地方人大及其常委会协助监督的审查监督体制"②。由于地方人民代表大会及其常委会之间协作立法极为少见，因此其协作立法的审查监督问题还没有受到关注。按照上述思路，地方人民代表大会及其常委会进行的协作立法，是否应由全国人民代表大会常务委员会负责审查？这些问题也需要《立法法》或者相关法律予以确定。

区域协作立法既具有规范属性，又具有契约属性，上述思考路径主要是从区域协作立法的规范属性出发，试图通过区域立法机构的合法化将区域协作立法纳入国家立法体系之中，但是这条路在现实中障碍重重。如果能够充分考虑区域协作立法决议的契约性，在订立区域立法协作决议的过程中尽可能写明争议解决方式，便于合作各方按照契约的方式，协商解决问题，实在达不成共识，再参照立法的批准程序，向共同的上级权力机关申请裁决。与行政协议类似，如果要借鉴美国的经验，允许合作双方共同选择第三方组成仲裁或者调解委员会或者采取其他替代性纠纷解决方式，还需要从立法上进一步明确，以解决区域协作立法当前的困境。本书将在第五章第三节结合《酉水河保护条例》的探索过程，对该问题进一步讨论。

---

① 参见刘秀文等《欧洲联盟政策及政策过程研究》，法律出版社 2003 年版，第 104 页。

② 王春业：《区域行政立法模式——长三角一体化协调的路径选择》，载史德保主编《长三角法学论坛——长三角区域法制协调中的地方立法》，上海人民出版社 2008 年版，第 103 页。

第四章 中国区域合作中地方利益
协调的组织体系

区域合作平台搭建，区域合作规则体系的制定、实施，都需要一定的组织机构完成，这些组织同时也是区域合作中地方政府利益的协调组织。实践中，承担这类职责的组织很多，如党委、人大、政府以及它们之间成立的协作组织等。

第一节 中国区域合作中地方利益协调组织概述

按照所属行政区的不同，有的经济协作区域虽然跨越了几个小的行政区（例如区、县），但是属于一个大的行政区（例如省、直辖市），因此经济区域与行政区域在一定程度上重合，行政区的组织机构可以起到地方利益协调的作用。如果经济区域与行政区域并不重合，其利益协调组织体系所面临的问题就要复杂一些。

一 属于同一个大行政区域的地方利益协调组织

（一）地方政府机构作为利益协调组织

在同一个大的行政区域如省、直辖市内开展协作，地方政府之间的利益冲突完全可以由上级人民政府进行协调。例如，整个珠三角地区都隶属广东省，在立法、行政管理等方面有其共同上一级机关即广东省人民代表大会及其常务委员会和广东省人民政府进行协调，这对于珠三角地区地方政府协作来说是一个极大的优势。在珠三角的区域合作中，广东省人民代表大会常务委员会制定了《广东省珠江三角洲水质保护条例》《广东省珠江三角洲城镇群协调发展规划实施条例》，广东省人民政府制定了《广东省珠江三角洲大气污染防治办法》等，以协调区域内的利益冲突。① 此外，2007 年底湖南省人大常委会审议通过《湖南省长株潭城市群区域规划条例》，为长沙、株洲、湘潭等地的利益协调奠定了基础。

（二）管理委员会作为利益协调组织

同时，在很多合作区域，地方政府设立了管理委员会这一合作组织。例如成立于 2006 年 3 月的广西北部湾经济区规划建设管理委员会，由广西壮族自治区一名副主席兼任管委会主任，副主任和成员则由自治区发改委、交通厅、财政厅、国土厅、建设厅等自治区厅委以及北海、钦州、防城港的主要领导组成。管委会下设办公室为常设办事机构，作为自治区人民政府的派出机构，统筹管理经济区规划和建设中的重大问题。② 2006 年，浙江省政府在一份文件中就批准设立了 28 个省级开发区。③ 这些管理委员会的法律地位和职权依据引起人们的关注。

二　不属于同一个大行政区域的地方利益协调组织

不在同一个行政区域的协作，则涉及地区之间的整合或者上述协作组织之间整合的问题。我国大量的合作区域都不在同一个行政区域，例如长三角经济区域、环渤海经济区域、成渝经济区、武陵山片区等，目前最为普遍运用的是政府间的联席会议方式。由于统一的机构进行利益协调对于区域合作会起到极大的促进作用。在区域经济合作过程中，很多地方也在尝试行政区划的调整或者立法机关、行政机关甚至党委机关等组织的一体化来实现利益协调。

（一）作为行政协作方式的联席会议

政府之间的联席会议是最为普遍的一种合作组织，名称也多样化，有的叫联席会，有的叫联系会、协调会、联谊会、恳谈会，等等。例如，《长江三角洲城市经济协调会章程》《泛珠三角区域合作框架协议》和《环渤海地区经济联合市长（专员、盟长）联席会协议书》等有关文件提

---

① 参见石佑启、黄新波《珠三角一体化的政策法律冲突及其协调》，《广东行政学院学报》2011 年第 3 期。

② 参见《广西壮族自治区人民政府办公厅关于印发北部湾（广西）经济区规划建设管理委员会及其办公室主要职责内设机构和人员编制规定的通知》。

③ 参见《浙江省人民政府关于批准设立杭州钱江经济技术开发区等 28 家省级开发区的通知》。

及的合作理事会、首长联席会。武汉经济协作区市长联席会、西北五省区经济技术协作联系会、闽浙边三地一市经济技术联谊会、长江沿岸中心城市经济协调会、十五城市横向经济联合恳谈会等。这种形式的区域合作组织主要采取的是会议制度，进行集体磋商，制度化程度相对较低。

（二）作为立法协作方式的联席会议

目前区域合作实践中的立法合作主要有两种情形：一是以 2006 年 1 月，辽宁、黑龙江和吉林三省共同签署的《东北三省政府立法协作框架协议》为代表的地方政府之间合作制定行政规章；① 二是以 2015 年底启动的武陵山片区恩施土家族苗族自治州与湘西土家族苗族自治州人大同步协作制定《酉水河保护条例》草案文本工作为代表的人民代表大会及其常务委员会之间合作制定地方性法规。无论是行政立法还是人大的立法，实践中都是采用立法主体之间联席会议的形式进行磋商，并没有实现立法机构的一体化。因此，真正的立法机构一体化目前还停留在学术讨论层面。

（三）作为司法协作方式的联席会议

跨区域的法院之间主要通过联席会议的方式展开司法协作，协作事项主要包括司法裁判标准、裁判执行、信访、信息共享等方面。例如，2015 年 9 月，湘赣边区域法院司法协作首届联席会议在浏阳召开，湘赣边区域十县市法院签订了《湘赣边区域司法协作框架协议》，根据协议，湘赣边区域十县市法院在接受委托送达、调查，协助民商事执行、社区矫正人员回访调查及信访处置等方面进行合作，统一湘赣边区域司法裁判的尺度，共享各自上级法院公布的关于法律适用上的规范性文件、指导性案例。② 2015 年 12 月，京津冀合作区域的 19 家法院在河北省廊坊市共同签署了《北京、天津、河北（廊坊）19 家毗邻法院执行事项委托及异地执行协助运行及操作细则》，解决跨区域案件的"执行难"问题。③

---

① 参见钱昊平《东北三省横向协作立法　能否一法通三省受关注》，《新京报》2006 年 8 月 4 日。

② 参见肖雪《湘赣边区域十县市深化司法协作》，来源：浏阳网，访问时间：2016 年 2 月 23 日。

③ 参见宋敏涛、陈正、高占国《京津冀 19 家法院签署协议 将实现执行办案"同城效应"》，新华网，访问时间：2016 年 2 月 23 日。

（四）党委机构一体化组织

比较典型的是 2004 年 12 月新疆维吾尔自治区的乌鲁木齐市和昌吉回族自治州的党委机构一体化，[①] 由于《宪法》第 30 条第一款规定，少数民族自治区分为"自治州、县、自治县、市"，在乌昌一体化区域的乌鲁木齐市和昌吉两地之上无法再增设一级行政区划和政权机关，自治区党委作出重大决策，设立中共乌鲁木齐市昌吉州党委作为协调机构。统一组织、领导和协调乌昌地区经济一体化进程，实现财政、规划和市场的统一，将乌昌党委的职责明确规定在《乌昌党委机构设置及主要职责》和《乌昌党委工作规则》里，内容涵盖规划制定、社会经济决策，甚至党政一把手选任等，近似一级政府的同级党委，从而实现了两地组织领导统一。通过党委系统这一突破口，打破行政区划阻隔，曾被誉为一种"政治智慧"。[②] 有学者据此认为，组织化在区域协调发展中起着关键作用，比"联席会议"这种区域协调组织"正式、严肃、权威、有效力"。[③]

（五）调整行政区划实现的组织机构一体化

区域合作中地方利益的冲突，根源在于行政区域和经济区域的不一致，导致区域利益与地方利益之间产生冲突。因此，解决冲突最为直接的方式就是调整行政区划，将经济区域变成行政区域。例如，随着"一带一路"战略的实施，自治区加快建设丝绸之路经济带核心区进程，将哈密作为核心区建设重要支点。2016 年 1 月 29 日自治区人民政府转发国务院《关于同意新疆维吾尔自治区撤销哈密地区设立地级哈密市批复的通知》。撤销哈密地区和县级哈密市，设立地级哈密市。哈密市辖原哈密地区的巴里坤哈萨克自治县、伊吾县和新设立的伊州区。地级哈密市成为继乌鲁木齐市、克拉玛依市、吐鲁番市之后新疆第四个地级市，提高了城市建设管理水平。[④]

从目前的区域合作实践来看，主要是地方的行政、立法、司法部门之

---

① 参见秦旭东《乌昌党委导演乌鲁木齐—昌吉一体化》，《21 世纪经济报道》2005 年 10 月 8 日。

② 同上。

③ 任宗哲、宫欣旺：《组织化：区域地方政府协调发展的一种路径——以乌昌经济一体化与西咸经济一体化比较为例》，《西北大学学报》（哲学社会科学版）2008 年第 2 期。

④ 参见胡仁巴《新疆"东大门"哈密撤地设市 张春贤亲往宣布》，来源：人民网，访问时间：2016 年 2 月 23 日。

间组成的合作组织，有管理委员会这种正式合作机构，也有联席会议这样制度化程度相对较低的合作组织。通过调整行政区划实现区域一体化难度较大，所以采用的地方也比较少。联席会议这种合作方式比较灵活，因此在区域合作中普遍采用。

第二节　域外区域合作中的利益协调组织

区域合作从广义上说，不仅包括一国国内不同区域之间的合作，还包括一个区域内多个主权国家之间的合作。由于我国行政区域与经济区域的不一致性，在经济区设立一级政权机构或者通过调整行政区划解决区域合作中的利益冲突比较困难，因此有学者主张以国际私法上的法律冲突及其解决理论为参照，"制定全国统一的区际冲突法"，"类推适用国际私法来解决区际冲突"。[①] 但正如叶必丰教授所说，"国际私法上的法律冲突及其解决不具有破除行政壁垒、实现产业布局优化的使命，与区域经济一体化中的法律治理有着本质区别"[②]。因此，这一思路并不可取。在世界范围内，不同主体之间的区域合作、不同宪政体制之下的区域合作有着不同的合作方式，例如欧洲联盟这样的主权国家联盟中成员国之间的合作方式、美国这样的联邦制国家地方政府之间的合作方式、法国这样的单一制国家地方政府之间的合作方式，非常具有代表性，都可以在一定程度上为我们提供经验和借鉴。

一　几种有代表性的区域合作利益协调组织

（一）欧洲联盟的利益协调组织

欧洲联盟的性质决定其与主权国家相比，利益协调难度要大得多。因为在主权国家，无论是单一制还是联邦制，在国家层面制定政策或者进行利益协调，都存在一个更为有力的政治权力中心。但是在欧盟，"没有一个机构能够使欧盟形成一个全面而有效的政策制定机制或实施明确而连贯

---

① 樊禄萍：《准区际法律问题》，载叶必丰主编《长三角法学论坛——论长三角法制协调》，上海人民出版社 2008 年版，第 227 页。

② 叶必丰：《区域经济一体化的法律治理》，《中国社会科学》2012 年第 8 期。

的政策"①。

欧洲联盟超国家层次的利益协调组织主要有五个：作为欧盟政府间机构的欧洲理事会与部长理事会，也是欧盟的主要立法机构，代表成员国的利益。欧洲理事会由成员国国家元首和政府首脑组成，确定欧盟的大政方针，协调各国政策发展，但是并不是一个常设机构；代表欧盟整体利益的超国家机构是欧盟委员会和欧洲议会，欧盟委员会也是欧盟的行政执行机构；欧洲议会拥有部分立法、咨询与监督的权力；欧洲法院是欧盟的最高法院，某些情形下负有直接使用欧盟法律的职责，还负有解释欧盟法律条款和确保欧盟各项条约得以贯彻执行，以保证欧盟法律的连贯性和一致性。上述机构中，尽管欧洲理事会和欧洲法院在某些情况下在欧盟的政策制定中起到关键作用，但是部长理事会、欧盟委员会和欧洲议会更直接、大量地参与欧洲一体化过程中的政策制定。②

值得注意的是，除了超国家层次的机构之外，其他公共部门、私营机构等都在欧洲一体化政策的制定和执行过程中发挥作用。"从一定意义上说，欧洲区域一体化并不主要是一种政府间制定条约的事务，而是一种社会进程"，③ "在这些组织群体中，区域间组织、银行、利益团体、政策联盟、政党、公共舆论等已形成几股重要的力量"。④ 欧盟的区域协调过程，实际也是一个利益的博弈过程。大量的社会性利益团体、商业性利益团体、工会联盟和环保团体都在欧盟的区域利益协调中发挥着各自的作用，表达自身的利益诉求。

（二）美国地方政府之间的利益协调组织

在州的层面，美国宪法第 1 条第 10 款第 3 项规定，"未经国会同意，各州不得征收船舶吨位税，不得在和平时期保持军队和军舰，不得和另外一州或国缔结任何协定或契约，除非实际遭受入侵，或者遇到刻不容缓的

---

① 刘秀文、埃米尔·J. 科什纳等：《欧洲联盟政策及政策制定过程研究》，法律出版社 2003 年版，第 27 页。

② 参见刘秀文、埃米尔·J. 科什纳等《欧洲联盟政策及政策制定过程研究》，法律出版社 2003 年版，第 92—93 页。

③ ［德］贝娅特·科勒－科赫：《社会进程视角下的欧洲区域一体化分析》，《南开学报》 2005 年第 1 期。

④ 陈瑞莲等：《区域公共管理理论与实践研究》，中国社会科学出版社 2008 年版，第 227 页。

危急情形时，不得从事战争"。这一条规定通过法院的判例进一步得到阐
释：1962 年，美国联邦上诉法院作出裁决，除非得到国会的批准，政治
性的州际协定不能生效，但是不涉及政治的州际协定不必得到国会的同
意。① 1978 年，美国联邦最高法院认为，如果一个州际协定没有通过侵占
联邦政府权力的方式来扩大成员州的权力的话，那么它的生效并不需要国
会的同意。② 虽然在实践中，州际协定是否需要国会批准依然存在争议，
由于其同时具有州法和合同的性质，还是能够得到宪法的充分保障。州际
协定既可以以州议会的立法形式出现，也可以是行政机关获得授权后签
订。③ 需要指出的是，根据州际协定的类型不同，适用的程序也应当不
同。如果州际协定是以成文的地方性法规的形式出现，州议会的立法修改
或者废除这一程序不可或缺；如果是州的行政机关基于法规的授权而签订
的州际协定，即行政协议，行政机关的行为就足以修改或终止协议。州际
协定有专门的委员会对相关问题进行协商。近年来，非正式的州际行政协
议数量急剧上升，州际行政协议由州际行政官员联合会负责起草和定期召
开会议进行沟通、合作。④

　　在美国，直接或间接应用于所有政府形式的一个基本原则是：人民有
权改变或者废除任何对人民共同利益造成破坏的政府形式，《独立宣言》
中写到，人民有权"创立新政府，其赖以奠基的原则，其组织权力的方
式，务使人民认为惟有这样才最可能获得他们的安全和幸福"。但是，这
个自治政府（self-government）的基本原则在美国地方政府层次长期存在
争议，"尽管人们普遍承认了美国人民在组建联邦和州政府时对这一原则
的运用，但是在地方社区中这项权利是否得到确认却在很大程度上取决于
州政府对自治政府原则的实施状况。在有权制定地方自治宪章（home-
rule charters）的地方，公民具有地方自主治理的明确权利，即：他们能
够改变和废除现有的政府形式并创建他们自己选择的政府形式。在无权制
定地方自治宪章的地方，改变地方政府结构的权利只能间接地通过州的宪

---

① Tobin v. United States. 306 F. 2nd 270 at 2724，D. C. Cir.（1962）

② Steel Corp. v. Multistate Tax Commission. 434 U. S. 452.（1978）

③ 参见何渊《行政协定——美国的政府间协调机制》，《国家行政学院学报》2006 年
第 2 期。

④ 同上。

法决策程序和州的立法行为来实施"①。

尽管地区之间合并成一个大城市区并由单一政府行使所有地方职能的模式在欧洲取得成功，但是在美国却遭到了明显失败。例如，纽约市在1898年采纳了创建一个覆盖当时整个大城市区的区域性政府机构的改革方案，把大量的自治市合并在一起，组成一个单一的政府单位，最后的结果却是，纽约市获得了大量的财政资金来源，城市管理机构在保持街道清洁、街区犯罪率的最小化、交通控制以及其他城市政府的基本职能方面显得十分无能。"有越来越多的迹象表明，在规模大、公共服务高度集中的供给体系的运行中存在严重的不经济现象。"② 相比之下，将大城市权威组织成有限目的的准自治机构以便为较大的城市区提供特定类型公共服务的举措却取得了显著成效，这些机构通常是由地方官员所组成的高峰协会发展起来的，这些官员们自愿组织在一起，共同创设新的制度安排，例如南加州的大都市水区。③ 这样的高峰协会既能创造大都市与地区性的权威，又能提供大都市区普遍受益的服务，从而得到民众的广泛支持。

（三）法国地方政府之间的利益协调组织

法国也是典型的中央集权国家，1982年密特朗总统开始推动新的地方政府制度改革，以1982年3月国民议会通过的《关于市镇、省和大区的权力和自由法案》为转折点，开始扭转中央高度集权，赋予地方自治权。

在地方利益协调问题上，具体措施包括以下三方面。④ 第一，通过设立行政大区来协调区域经济以及地方发展。1959年法国政府发布法令，确定在全国设立21个大区，1972年通过《大区设立及其组织法》赋予大区"公权力组织"的法律地位。在1982年的《关于市镇、省和大区的权力和自由法案》中规定，"市镇、省和大区由选举产生的议会自行管理"，大区从而成为地方自治团体。第二，在市镇层面组建多样化的市镇联合体，实现彼此之间资源共享、互惠互利。每个联合体成立市镇联合体委员会，作为各联合体的法定公共管理机构，市镇联合委员会由所有成员市镇

---

① ［美］文森特·奥斯特罗姆、罗伯特·比什、艾莉诺·奥斯特罗姆：《美国地方政府》，井敏、陈幽泓译，北京大学出版社2004年版，第13—14页。

② 同上书，第73页。

③ 同上书，第76页。

④ 参见汪伟全《地方政府合作》，中央编译出版社2013年版，第80—83页。

的市镇长或议员代表组成，促进市镇之间的合作。第三，积极发挥中央政府在地方政府合作中的作用。通过行政措施、行业发展规划或者设立相应的中央机构消除行政区域的局限对资源优化配置的影响，先后成立"国土整治和区域行动评议会""国土整治全国委员会"等常设机构，负责解决地区之间的发展差距问题。

二　域外区域合作利益协调组织对我国的启示

在不同的区域合作主体之间，在不同的宪政体制之下，域外区域合作利益协调组织都有着不同的合作方式和经验，笔者将从"中国问题意识"出发，对上述合作方式和经验进行分析。

（一）欧盟的区域协作方式对中国的启示

欧盟作为主权国家之间的联盟，其超国家层面的协作组织对我们的借鉴意义不大。尽管在学界和实务界都有人期待自上而下地在区域之间建立起一级政权机构，由于这种思维突破了现行宪政架构，实施起来非常困难。但是，欧盟各协作组织协调不同国家之间利益冲突的思路值得研究。

第一，在欧盟多元化的冲突协调机制中，主要由欧洲法院承担了在欧洲共同体层面确保有效法律救济的责任。虽然受限于行政诉讼的受案范围，中国的法院当前并不能直接受理地方政府之间的权限争议问题，但是欧洲法院在冲突解决过程中的审查标准，可以为我国的经济合作区域开展司法协作提供借鉴。根据 2015 年修订的《中华人民共和国行政诉讼法》（以下简称《行政诉讼法》），原《行政诉讼法》第 17 条规定的"行政案件由最初作出具体行政行为的行政机关所在地人民法院管辖"，修订后变为第 18 条，增加了第二款"经最高人民法院批准，高级人民法院可以根据审判工作的实际情况，确定若干人民法院跨行政区域管辖行政案件"。区域之间的司法协作出现新的发展空间。根据修订后的《行政诉讼法》，人民法院不仅可以审查具体行政行为，还可以审查作为其行为依据的部分抽象行政行为，因此，对于区域地方政府共同制定的行政规范，人民法院可以在受理相关具体行政行为时一并进行审查。

第二，欧盟一体化过程中对各成员国间立法冲突的解决经验值得探讨，其联合立法方式，不仅通过共同签订条约的方式进行，更多的是通过成立超国家的机构并赋予各机构以立法权来协调各成员国的立法。例如，其欧盟成员将相当多的立法权让渡给了欧盟理事会、欧盟委员会、欧盟议会等欧盟各机构。各机构在立法时，相互间也进行协调，体现了联合立法的特点。结合我国的实际，建立跨区域的机构目前没有宪法和法律上的依据，但是各机构之间的协调方式，可以在一定程序上为我们所借鉴。[①]

第三，欧盟一体化的过程中，不仅在政府之间展开合作，而且在全社会的组织群体之间展开合作。从我国区域合作实践看，几乎都是在不同层级的政府之间开展合作，其他的社会组织和群体的作用没有受到重视。政府虽然是地方利益的代言人，但是并不意味着地方政府的利益与其他社会组织、群体的利益就是一致的。区域合作是一个利益博弈的过程，无论是自由大市场的形成还是公共事务的治理，都需要全社会的参与。区域间组织、利益团体、公共舆论等力量在欧盟一体化过程中的参与方式和经验，值得我们借鉴。

（二）美国的区域协作方式对中国的启示

美国是典型的联邦制国家，其联邦与州的权力分配通过联邦宪法明确予以规定，其州际之间的合作与结盟，也通过宪法和相关判例予以确定。中国作为单一制国家，中央与地方之间的权力配置、地方政府之间合作模式与美国都差别甚大。但是美国的州际协定和地方政府层面的联合峰会可以对中国的区域合作带来启发。

美国的州际协定从效力上说：一方面作为州法，其效力优先于成员州之前颁布的法规，甚至也优先于之后制定的法规；另一方面作为契约，对所有成员州都具有约束力。一旦在州际协定的履行过程中产生争议，可以通过仲裁或者调解途径解决，或者到联邦最高法院进行诉讼。这一点可以为我国目前普遍运用的行政协议所借鉴：地方政府之间签订行政协议时，可以在协议中约定第三方进行调解。同时，随着 2015 年《行政诉讼法》的修订，法院可以在审查具体行政行为的时候，对作为其依据的行政规范性文件一并审查。如果所涉行政规范性文件属于地方政府之间的行政协议，司法审查的主体、程序和标准必定与一般的行政规范性文件有所不同，美国法院对州际协定进行司法审查的经验可以为我们所借鉴。

在美国地方政府层面，大城市之间的联合峰会既能避免大城市合并所造成的不经济现象，又能灵活解决公共服务中存在的问题，可以为我国区域合作中地方政府之间的联合方式提供借鉴。在中国的传统行政区域治理

---

① 参见刘秀文等《欧洲联盟政策及政策过程研究》，法律出版社 2003 年版，第 104 页。

理念中，最高效、直接的治理方式就是依靠行政手段，依靠强制力推行区域公共政策，美国地方政府层面的合作经验，可以帮助我们进行反思，尽早走出对组织机构一体化模式或者对行政区划调整方式过分依赖的"误区"。

（三）法国的区域协作方式对中国的启示

中法两国都是单一制国家。与联邦制下的地方政府拥有较大自主权开展深入合作不同，单一制下的地方政府合作只能是有限合作。有限合作主要表现在两个方面。一方面，一切重大问题的最终决定权在中央。地方政府之间在一体化合作过程中只有有限自主权，合作过程中协商不成的问题，只能向更上一级或者中央政府寻求帮助，重大问题的决定权也在更上一级或者中央政府。另一方面，中央是区域合作的有力推动者。单一制国家的权力呈现"自上而下"的走向，区域合作的进程仅仅依靠地方政府推进比较困难，中央才有能力对区域合作提供强有力的支持。中央的权力一旦缺位，地方政府之间的合作困难重重，只有中央在税收、自由市场、社会保障等宏观层面进行积极创新，才可以为地方政府合作创造更好的空间。在中国，当前地方政府之间合作组织大多比较松散，主要依靠地方政府领导人推动，依靠会议制度进行集体磋商，缺乏制度化的机制和组织形式。如何在当前的宪政框架下，积极发挥中央在区域合作中的作用，法国的地方政府合作经验值得借鉴。

中法两国都是多民族国家，各民族之间利益冲突需要一个中央权力来调和控制。我国的一体化合作区域类型复杂，按照简单的"东部、中部、西部"的区域划分方法，每一部分都包含了经济上的发达区域、次发达区域、不发达区域，包含了少数民族地区和非少数民族地区，还包含了"城市圈""扶贫开发片区""协作示范区"等不同功能的区域。因此区域合作过程中涉及的问题十分复杂，尤其是民族问题和发展不平衡的问题，"民族问题及地区发展不平衡问题一直是我国政治体制中的重中之重，是各项体制改革所必需首要考虑的问题"[1]。法国在处理区域之间发展不平衡和多民族问题上的经验，值得我们借鉴。

---

[1]　汪伟全：《地方政府合作》，中央编译出版社2013年版，第84页。

第三节　中国区域合作利益协调组织的
合法性检视

区域合作利益协调组织的权力，可以来自《宪法》《组织法》的一般性授权，也可以来自某些法律规范的专门性授权。综观我国现行《宪法》《地方各级人民代表大会和地方各级人民政府组织法》等一般授权性规范，都没有像美国联邦宪法第 1 条政府间协议条款那样明确的地方利益协调机制的规定。但是，这并不能说明上述区域协调机制都不具备合宪性基础、合法性。正如学者所指出，结合宪法与法律的原则和精神，"沿着解释的路径，最终都能找到区域行政规划、区域行政指导、区域行政协议、区域性组织和区域协作立法的法律依据即宪法第 3 条、第 15 条、第 30 条、第 33 条、第 89 条等以及《立法法》和《地方各级人民代表大会和地方各级人民政府组织法》上的相关规定"①。我国地方政府或其他地方行政机关之间的联合，在一些法律规范中也可以找到专门性授权依据。例如，《环境保护法》等法律对跨流域的地方政府合作作出了规定；《湖南省行政程序规定》第 15 条第 1 款规定了地方政府之间合作的基本原则，"各级人民政府之间为促进经济社会发展，有效实施行政管理，可以按照合法、平等、互利的原则开展跨行政区域的合作"。第 2 款还规定了地方政府之间的合作形式，"区域合作可以采取签订合作协议、建立行政首长联席会议制度、成立专项工作小组、推进区域经济一体化等方式进行"。第 3 款则要求"上级人民政府应当加强对下级人民政府之间区域合作的组织、指导、协调和监督"。对于合作组织来说，合法性问题主要在于组织法上的依据和行为法上的依据这两方面。目前，区域协作组织面临的合法性争议主要在于管理委员会的法律地位和职权依据、对立法机关一体化的设想以及区域合作中政府与人大之间的关系等问题上。

一　行政协作组织的合法性检视

我国区域协作中行政协作组织主要包括区域间的政府联席会议和设立管理委员会。与一般的行政组织不同，联席会议采用集体负责制而不是首

---

① 叶必丰：《区域经济一体化的法律治理》，《中国社会科学》2012 年第 8 期。

长负责制，联席会议本身只是一种会议形式，通过会议决议的方式行使权力，并不是一个实体机构，因此并不涉及组织法意义上的依据问题。对于联席会议决议，如果实践中得不到遵守或者执行，联席会议没有处罚权或者强制执行的权力，因此联席会议的行为也不存在行为法意义上的依据问题。当然，联席会议的上述特点也决定了会议决议执行力的欠缺。实践中人们希望能够增加联席会议决议的强制性，并且规定强制执行或者权利救济机制。但是，联席会议这种非实体机构并不能解决上述问题。区域政府之间的行政协议一般都会对联席会议的权限作出规定，但只能在符合法律规定的前提下、在协作各方自愿协商的基础上行使，行政协议并不能成为联席会议的组织法和行为法依据。

在美国，州际协定也规定成立相应的机构来负责实施，州际协定是法律明确规定的，其实施机构的法律地位、组织和运行也是由法律规定的。[①]《西班牙公共行政机关及其共同的行政程序法》第七条也规定："一、如果协议的操作需要成立一个共同的机构，它可以采取具有法人资格的联合委员会的形式进行。二、联合委员会章程应确立其宗旨，以及组织、运转和财务制度细则。三、决策机构应由所有参加联合委员会的单位代表根据有关章程确定的比例组成。四、可通过适用于参加联合委员会的行政机关的法律所规定的任何方式，提供委托范围内的服务。"可见，上述国家的行政协作组织是有法律依据的实体组织。

与区域政府间的联席会议不同，实践中管理委员会是作为一个实体组织存在的，因此其面临组织法和行为法、意义上的合法性问题。对于管理委员会，目前凡是按照《地方各级人民政府机构设置和编制管理条例》批准设立的开发区管委会，都有"三定方案"。[②]虽然"三定方案"的效力不能与法律相比，但是我国当前行政机构设置的主要依据就是"三定方案"。从这个意义上说，管理委员会与其他行政机关一样，具有独立的行政主体资格，性质上属于一级政府的派出机关。值得注意的是，"作为地域性政府机关的一级政府，并不具有所属职能部门在行为法上的职权。最明显的例子是，县级公安机关尽管是所在县级政府的组成部门，但其所

---

① 叶必丰等：《行政协议：区域政府间合作机制研究》，法律出版社 2010 年版，第 19 页。
② "三定方案"是指规定组织机构性质、职能和编制的规范性文件。

具有的治安拘留权，县级政府并不具有"①。这个问题在司法实践中已经
有相应案例。② 当然，如果有法律、法规、规章的授权或者行政机关合法
的委托，管理委员会也可以行使原本不属于自己的权力。

二　立法协作组织的合法性检视

在我国，立法主体多元化，除人大及其常委会可以立法之外，设区的
市（自治州等同于设区的市）以上的政府也有立法权。因此，实践中立
法协作既包括各地方政府之间就行政立法开展的协作，也包括各地人大及
其常委会之间展开的立法协作。

（一）行政立法协作的方式问题

我国目前的行政立法协作主要以联席会议的方式进行磋商，制度化程
度很低，不存在组织法意义上的合法性问题。但是，学术界一直主张实行
立法机构一体化，以更好地协调地方利益冲突，因此，笔者认为有必要对
立法机构一体化的问题进行探讨。以立法机构一体化的方式实现地方利益
协调的观点包括两方面：一是采用地方层面的统一立法；二是采用中央层
面的统一立法。具体内容参见本书第三章第三节的阐述。

通过设立区域间的立法协作组织来实现立法协作。这一路径的前提是
修改我国现行《宪法》《地方组织法》《立法法》等相关法律，为区域间
的合作组织提供组织法上的依据。随着区域法治化进程的发展，区域立法
也必将随之趋于成熟、完善，因此上述建议不无道理。但是，在当前的法
律体制下，组织机构一体化不仅缺乏合宪性、合法性依据，还需要中央政
府机构改革这种"顶层设计"去推动，因此，立法协作组织一体化建设
十分困难、难以推进。区域协作立法既具有规范属性，又具有契约属性，
上述思考路径主要是从区域协作立法的规范属性出发，试图通过区域立法
机构的合法化将区域协作立法纳入国家立法体系之中，但是这条路在现实
中障碍重重。如果能够充分考虑区域协作立法的契约性，从契约的履行与
救济原理出发，或许能够更有效地解决区域协作立法当前存在的困境。本

---

① 叶必丰：《区域经济一体化的法律治理》，《中国社会科学》2012 年第 8 期。
② 参见最高法院第 30 号行政诉讼指导性案例青岛万和热电有限公司诉山东省青岛市李沧
区人民政府行政决定上诉案，中华人民共和国最高人民法院行政审判庭编《中国行政审判指导案
例》，中国法制出版社 2010 年版，第 159 页。

书第五章第三节将以武陵山片区的恩施土家族苗族自治州与湘西土家族苗族自治州合作制定《酉水河保护条例》的过程为例，进一步讨论这个问题。

（二）行政立法协作与人大立法协作的事项范围

正如前文所述，目前我国区域行政立法、人大立法协作还远远没有走到组织机构一体化的地步，实践中主要是采用联席会议这种方式进行磋商。在区域立法协作中，政府和人大之间存在立法权划分的问题，下级政府与上级政府之间也存在立法权划分的问题。

首先，地方政府在区域事务问题上有一定的自主权。学者在讨论行政协议的权限范围时谈到，"地方各级政府是地方各级人大的执行机关，同时也是国务院统一领导下的国家行政机关，服从于国务院。地方各级人大保障国务院制定的行政法规的遵守和执行，并且其制定的地方性立法不能同国务院制定的行政法规相抵触，同时需报国务院备案。因此，地方政府在国务院相关决策框架基础上，可以直接缔结行政协议来处理相关区域性事务，而无须经过地方人大的批准或决定"[1]。依据《地方政府组织法》《立法法》等相关法律规定，省、自治区、直辖市和设区的市人民政府有地方政府规章制定权，地方政府规章不需要经过地方人大的批准。因此可以说，对于地方政府可以制定规章的事务，同样也可以通过协作立法的方式来处理。

其次，地方政府在区域事务上的自主权有一定限度。从立法权的行使原则上看，"地方性法规遵循'不抵触'原则，即不能与宪法、法律、行政法规相抵触；而地方政府规章遵循'根据'原则，即应当根据法律、行政法规、地方性法规制定地方政府规章"[2]。因此，地方性法规可以进行创制性立法，地方政府规章则只能规定解释性或者执行性内容。在区域协作立法的过程中，立法权限也是如此。另外，《立法法》也规定除了法律保留事项外，特定地方人大可以就国家上位制定法律和行政法规的事项，先行制定地方性法规。因此，地方性法规可以"先行先试"，而地方政府规章无此权限。不过需要指出的是，《立法法》第82条第5款规定，"应当制定地方性法规但条件尚不成熟的，因行政管理迫切需要，可以先

---

① 叶必丰等：《行政协议：区域政府间合作机制研究》，第165页。
② 同上书，第165—166页。

制定地方政府规章。规章实施满两年需要继续实施规章所规定的行政措施的，应当提请本级人民代表大会或者其常务委员会制定地方性法规"。这一条款扩大了地方政府制定规章的权力，某些事务尚未制定地方性法规，但是属于行政管理迫切需要的，可以先制定地方政府规章。只不过规章的实施期限为两年。从这个意义上说，地方政府之间立法协作的权限范围也被扩大。

最后，地方政府协作立法受到地方人大批准权和决定权的约束。根据《地方组织法》第 8 条第 3 项的规定，县级以上地方各级人民代表大会"讨论、决定本行政区域内的政治、经济、教育、科学、文化、卫生、环境和资源保护、民政、民族等工作的重大事项"。目前，立法上对地方政府规章制定权所涉的事项范围和地方性法规所涉的事项范围没有进行明确区分，因此哪些事项必须经过地方人大批准之后才可以进行协作立法，是需要进一步探讨的问题。学者们探讨行政协议是否要作为重大事项报请本级人大及其常务委员会决定时的思路可资借鉴。"下列区域行政协议应作为重大事项报请本级人大及其常务委员会决定：第一，基础性、制度性和综合性的区域行政协议，这是为其他合作奠定制度和机制基础的区域行政协议，如《长江三角洲城市经济协调会章程》和《泛珠三角区域合作框架协议》等。第二，持续性的重要专项区域行政协议，如《泛珠三角区域合作行政首长联席会议制度》《泛珠三角区域科技创新合作框架协议》《泛珠三角区域合作发展规划纲要》和《泛珠三角区域综合交通运输体系合作专项规划纲要》等。"① 从理论上说，具备基础性、制度性、综合性、持续性等特点的事务，在进行区域行政立法协作之前，应当经过合作各方人大的批准。当然，根据《立法法》第 82 条第 5 款规定，某些基础性、制度性、综合性、持续性的事务，属于行政管理迫切需要的，也可以先制定地方政府规章，两年后再提请本级人大及常委会制定地方性法规。这一条款为地方政府之间的行政立法协作提供了更大的空间。

（三）地方立法协作的程序问题

在协作立法程序方面，目前还没有任何法律规定，这也导致实践中协作立法困难重重。以地方协作立法起步较早的东北地区为例，有学者指出东北地区的立法协调在程序方面主要包括两个问题。一方面，东北地区尚

---

① 叶必丰：《区域经济一体化的法律治理》，《中国社会科学》2012 年第 8 期。

未建立一套常规的立法协调机制。各行政区域之间只是在不特定的时间，针对地方立法中某些突出的矛盾冲突进行临时性的磋商和协调工作，而且即使是这种临时性的协调出现的次数也是极其有限的。另一方面，东北地区立法协调的协调结果缺乏相应的实施机制。虽然区域之间通过协商达成了共识，但是这种共识在实践中得不到有效的实施。① 立法协作从协商到落实，都需要一系列的程序作为保障，否则很难实现立法协作的目的。笔者将从行政立法协作和人大的立法协作两方面提出建议。

在行政立法协作方面，《立法法》第81条规定，"涉及两个以上国务院部门职权范围的事项，应当提请国务院制定行政法规或者由国务院有关部门联合制定规章"。但是对各地方立法主体就共同立法事项进行联合立法问题，并没有明确规定。对于行政部门之间的协作立法，国务院制定的《行政法规制定程序条例》和《规章制定程序条例》中规定如下："在起草中，起草部门应当就涉及其他部门、机构职责或者与其他部门、机构关系密切的规定，与其他部门、机构协商一致，经过充分协商不能取得一致意见的，应该在上报草案送审稿时说明情况和理由；在审查阶段中，如果其他部门、机构对行政法规、规章送审稿设计的主要制度、方针政策、管理制度、权限分工等有不同意见的，审查机构应当进行协调，达成一致意见；不能达成一致意见的，应当将主要问题、有关机构或部门的意见和审查机构自身的意见上报国务院决定，在规章制定中报本部门或政府决定。"笔者认为，在行政立法协作过程中，行政部门之间的联合立法程序可以作为借鉴。在对主要问题达不成一致意见的时候，上报给地方政府之间的联席会议决定。

在人大协作制定地方性法规的过程中，当前主要的做法就是将协作立法的文本交由各地方权力机关（人大或者人大常委会）分别表决。有学者对此提出质疑，"可能会出现某一地方表决通过法案而另一地方权力机关表决没通过的问题，达不到立法协调的目的，或各地方都对法案的条款进行了重大修改以至于违背了共同制定地方性法规的初衷，因此，这种情况具有不可预测性"②，从而提出采用示范文本的建议。我国内地也有过用示范法来协调国内立法的先例。1999年初，司法部法律援助中心起草

---

① 参见王子正《东北地区立法协调机制研究》，《东北财经大学学报》2008年第1期。
② 王春业：《区域合作背景下地方联合立法研究》，中国经济出版社2014年版，第145页。

了《中华人民共和国法律援助示范法（草案）》，旨在推动地方立法。但是笔者认为，即使采用示范文本，由于协作各方的利益并不完全一致，因此在立法过程中必定要对示范性文本进行修改，同样也可能出现对条款进行重大修改以至于违背协作立法初衷的情况。因此，是否采用示范文本不是重点，关键在于区域间的协作组织必须做到对文本的充分协商，对文本的协商、表决程序能够得到保障，才能确保在履行通过程序前达成一致意见。

三 司法机关协作的合法性检视

区域之间的司法协作随着《行政诉讼法》中地域管辖制度的修改出现新的发展空间。根据原《行政诉讼法》第 17 条的规定，"行政案件由最初作出具体行政行为的行政机关所在地人民法院管辖"。2015 年《行政诉讼法》修订后，此条变为第 18 条，增加了第二款"经最高人民法院批准，高级人民法院可以根据审判工作的实际情况，确定若干人民法院跨行政区域管辖行政案件"。这一条的修改理由包括以下几个方面。一是为了解决行政案件的审理难问题。行政诉讼的司法管辖长期与行政区划重叠，地方政府对行政审判的干预比较严重。二是回应党的十八届四中全会的相关要求。十八届四中全会要求：最高人民法院设立巡回法庭，审理跨行政区域重大行政和民商事案件。探索设立跨行政区划的人民法院和人民检察院，办理跨地区案件。完善行政诉讼体制机制，合理调整行政诉讼管辖制度，切实解决行政诉讼立案难、审理难、执行难等突出问题。三是司法体制改革的需要。

在《行政诉讼法》修订之时，我国的司法体制改革正处于试点阶段，一些具体问题如何改革未有定论，探索与建立与行政区划适当分离的司法管辖制度，为管辖制度改革留出空间十分必要。[①]《行政诉讼法》修改之前，区域之间的司法协作主要通过联席会议的方式展开，协作事项主要包括司法裁判标准、裁判执行、信访、信息共享等方面。《行政诉讼法》修改之后，跨行政区划管辖行政案件将会进一步促进区域间司法审判和执行方面的合作，探索建立跨行政区划的人民法院和人民检察院，则将原来以

---

① 参见江必新、邵长茂《新行政诉讼法修改条文理解与适用》，中国法制出版社 2015 年版，第 69 页。

联席会议制度存在的司法协作组织变为具有组织法和行为法依据的协作组织，极大地推动区域之间的司法协作。

四　组织机构一体化的合法性检视

正如前文所述，通过调整行政区划实现区域一体化难度较大，所以采用的地方也比较少。党委一体化这种"摸着石头过河"的做法即便能解决眼前的区域协调问题，但也面临诸多问题。党委在区域合作中发挥着重要作用，例如区域经济一体化的行政决策作出前，往往要经党委的同意或通过。党委应充分支持人大对区域经济一体化的决定权。在现实中，党组织参与区域合作事务的主体资格存在争议。以缔结行政协议为例，《关于加强沪浙两地教育交流合作的意见》就是由中共浙江省委教育工作委员会、浙江省教育厅、中共上海市教育工作委员会、上海市教育委员会共同制定。对此叶必丰教授指出，"党组织作为一方主体参与缔结，使得协议的性质到底还是不是行政协议变得模糊不清了。如果是行政协议，党组织就不应作为一方主体参与缔结；如果是党组织间的协议，则不应由行政机关参与缔结"①。

区域发展的协同，组织机构一体化只是手段。组织机构一体化是实现行为标准一体化的条件，但这个条件是充分条件，不是必要条件。只要能够实现行为标准一体化，是否采用组织机构一体化的方式并不重要。可以观察到的是，近年来国务院采用了新的方式对区域协作进行调控，即区域规划和行政指导。区域规划、行政指导从性质上说，不如统一的组织机构立法那么规范，但是在行政系统内部同样会被贯彻执行。以武陵山片区为例，2011 年国务院作出关于《武陵山片区区域发展与扶贫攻坚规划(2011—2020 年)》的批复，然后湖南省人民政府于 2012 年作出关于《湖南省武陵山片区区域发展与扶贫攻坚实施规划》的批复、湖北省人民政府于 2013 年批准了《湖北省武陵山片区区域发展与扶贫攻坚实施规划(2011—2010 年)》，湘西自治州人民政府出台了关于支持龙山县建设武陵山龙山来凤经济协作示范区的若干意见，恩施州人民政府也出台了支持龙山来凤经济协作示范区发展的一系列措施。上述区域规划和行政指导不会直接对外部行政相对人的权益产生影响，但是在行政主体内部却发挥着重

---

① 叶必丰等：《行政协议：区域政府间合作机制研究》，法律出版社 2010 年版，第 10 页。

要作用。它们依靠行政机关上下级之间的关系，得以层层落实。正如学者所说，区域规划和行政指导"既约束下级政府机关行使公权力的行为，又约束下级政府机关适用法律、法规和规章的裁量，实现了用行为机制替代组织结构的功能"①。用行为机制替代组织结构的功能，是当前组织机构一体化缺乏宪法和组织法依据的情形下，推动区域协作法治化进程的可行之道。上述事例中，国务院、湖南省、湖北省、湘西土家族苗族自治州、恩施土家族苗族自治州通过区域规划、行政指导等方式对区域协作的调控，是一个典型的行为机制替代组织结构的调控方式。当然，实践中龙凤示范区的合作双方也设置了相对应的部门进行对接，例如分别设在来凤县和龙山县政府的示范区办公室，主要负责龙凤示范区具体的区域协作事务在两县之间的沟通。示范办公室以及类似部门的活动，并没有突破当前行政区的组织管理体系，不会遭到组织法和行为法意义上的合法性质疑。实践中，行政机关也大量采用行为标准一体化的方式实现区域协作，例如，2009 年 12 月召开的东北三省首届政府法制工作协作会议中，统一规范三省行政许可和行政处罚的自由裁量权，是当年的重点议题之一。2010年，三省法制部门建立了违法行政案件查处合作机制。相对人可以就近到所在政府法制部门投诉，受理部门可以转交有关省政府法制部门会同有关部门查处，达到了行政处罚裁量标准上的一体化。② 笔者认为，在区域协作过程中，用行为机制替代组织结构的功能，是避免组织机构一体化当前所遭遇的合法性困境的可行之策。

最后，还需要指出的是，本节考察的区域合作组织主要是在地方政府层面建立的合作组织，并没有对其他社会力量、民间的协调组织进行阐释。本书第五章将结合武陵山龙凤经济协作示范区地方利益协调机制的探索，对龙凤示范区民间的非正式利益协调机制展开讨论。

---

① 叶必丰：《区域经济一体化的法律治理》，《中国社会科学》2012 年第 8 期。
② 王春业：《区域合作背景下地方联合立法研究》，中国经济出版社 2014 年版，第 157 页。

第五章 武陵山龙凤经济协作示范区地方利益协调机制的探索

根据 2011 年国务院批准的《武陵山片区区域发展与扶贫攻坚规划 (2011—2020 年)》，武陵山片区跨湖北、湖南、重庆、贵州四省市，集革命老区、民族地区和贫困地区于一体，是跨省交界面大、少数民族聚集多、贫困人口分布广的连片特困地区，也是重要的经济协作区。武陵山片区龙凤经济协作示范区是湖南省的龙山县与湖北省的来凤县之间开展合作的区域，龙凤示范区在区域合作过程中存在的问题，是我国区域合作中地方利益协调机制存在问题的缩影。

第一节 武陵山龙凤示范区利益协调机制概述

武陵山片区包括湖北、湖南、重庆、贵州四省市交界地区的 71 个县 (市、区)，其中，包括湖北省的 11 个县市 (包括恩施土家族苗族自治州及宜昌市的秭归县、长阳土家族自治县、五峰土家族自治县)，湖南省的 37 个县市区 (包括湘西土家族苗族自治州、怀化市、张家界市及邵阳市的新邵县、邵阳县、隆回县、洞口县、绥宁县、新宁县、城步苗族自治县、武冈市，常德市的石门县，益阳市的安化县，娄底市的新化县、涟源市、冷水江市)，重庆市的 7 个县区 (包括黔江区、酉阳土家族自治县、秀山土家族苗族自治县、彭水苗族土家族自治县、武隆县、石柱土家族自治县、丰都县)，贵州省的 16 个县市 (包括铜仁地区及遵义市的正安县、道真仡佬族苗族自治县、务川仡佬族苗族自治县、凤冈县、湄潭县、余庆县)。总面积为 17.18 万平方公里。到 2010 年末，总人口 3645 万人，其中城镇人口 853 万人，乡村人口 2792 万人。境内有土家族、苗族、侗族、白族、回族和仡佬族等 9 个世居少数民族。按照"区域发展带动扶贫开发，扶贫开发促进区域发展"基本思路，该区域将把集中连片扶贫攻坚和跨省合作协同发展有机结合起来。

国务院批复的《武陵山片区区域发展与扶贫攻坚规划（2011—2020年）》中，明确了在武陵山片区内设立武陵山龙山来凤经济协作示范区，以此推进行政管理、要素市场、投融资体制等领域的改革，全面推进城乡统筹、基础设施、公共服务、特色产业、生态建设与环境保护等一体化建设。国家设立此类新区，主要是为区域一体化发展发挥示范带动作用。例如国务院 2014 年批复同意设立的贵安新区，是内陆开放型经济示范区，区域范围涉及贵阳、安顺两市所辖 4 县（市、区）20 个乡镇，规划面积 1795 平方公里。再如西咸新区，也是国务院批复设立的国家级新区，属于关中—天水经济区的核心区域。该区域位于陕西省西安市和咸阳市建成区之间，区域范围涉及西安、咸阳两市所辖 7 县（区）23 个乡镇和街道办事处，规划控制面积 882 平方公里。武陵山龙凤示范区的利益协调机制与其他合作区域利益协调机制相比，既有共同点，也有差异性。

一　武陵山片区龙凤示范区的合作状况

从龙凤示范区的协作机制上看，国家民委，国家发改委，国家扶贫办，湘鄂两省的发改委，湘西州、恩施州人民政府，两州发改委，来凤龙山两县人民政府建立起了四级协调和联系机制，两县分别组建了专门工作办公室，建立起了龙凤示范区常态的协作机制。同时，在两县之间、行政部门之间、行业及其协会之间建立起了全方位、多层次的协作组织。自龙凤示范区设立以来，龙山、来凤两县先后召开了龙凤示范区七次联席会议。龙凤示范区发展战略、城市空间布局、旅游发展、城镇建设、基础设施、产业发展等方面的十个一体化专项规划已经编制完成。启动了龙凤城区水源点建设、龙凤酉水河综合治理等重点项目建设；龙凤公交实施了跨省路线、车辆系统标志、外形和营运管理四方面的统一；两县的农村信用社已经开通同城结算业务。

二　武陵山片区龙凤示范区利益冲突的特点

区域协作目前在我国已经成为区域经济发展中普遍存在的现象，但是区域协作的基础和出发点不同，利益协调机制也各具特色，协作区域之间不宜照搬照抄。在我国现有的经济协作区域中，例如"长三角""珠三角""环渤海经济区""成渝经济区"、武汉及周边八个城市组成的"武汉城市圈"等区域，主要由一些重要城市构成；武陵山龙凤示范区与上述经济发展较好的城市群不同，从区域定位上看，是国家扶贫攻坚的示范区；从地理位置和社会状况方面看，龙凤示范区处于武陵山腹地，又是民族自治区域。不同类型的合作区域对利益协调机制的需求也存在差异。①

一方面，在一些由重要城市构成的经济协作区域，市场在资源分配的过程中起到十分重要的作用，地方政府主导的协作主要体现在基础设施、公共服务等领域。

在经济比较发达的重要城市群协作区，已经形成比较成熟的市场，由于强大的市场推动力，区域间的协作发展属于"自下而上"的推进模式，国家层面负责统筹规划，地方在经济协作中占主导地位。在区域间形成统一大市场是协作发展的重要目标，地方之间的利益协调重在减少和规范行政干预，消除贸易壁垒，维护市场规则，促进基础设施、公共服务的一体化。

以长江三角洲为例，该区域所涉上海市、江苏省和浙江省农业基础良好，制造业和高技术产业发达，服务业发展较快，经济发展水平全国领先，是我国综合实力最强的区域。在经济体制上，较早地建立起社会主义市场经济体制基本框架，是完善市场经济体制的主要试验地，目前已率先建立起开放型经济体系，形成了全方位、多层次、高水平的对外开放格局。为了发挥区域整体优势，推动区域内重大基础设施、公共服务平衡发展，促进产业升级，完善市场体系，促进资源环境的合理利用，两省一市形成协作发展之势。②

近年来，珠江三角洲、环渤海周边重要城市群逐渐推进经济协作发展格局，与长江三角洲城市群共同构成我国三个特大城市群。在中西部地区，武汉城市圈、成渝城市圈等城市群也逐渐形成协作发展态势。虽然由于经济发展程度不同，上述经济协作区域内的基础设施、公共服务、产业结构、市场体系、环境与资源利用状况等因素不尽相同，但是地方利益冲

① 参见冉艳辉《武陵山片区区域协作的利益协调机制研究——以武陵山龙凤经济协作示范区为例》，《中南民族大学学报》（人文社会科学版）2015 年第 3 期。
② 参见《长江三角洲地区区域规划》（2010 年）。

突类型大同小异。

另一方面，龙凤示范区这样的少数民族经济协作区，属于国家扶贫开发协作区，市场体系极不完善，政府这只"看得见的手"在资源的配置中起到重要作用。同时，龙凤示范区又属于民族自治地方，在区域合作过程中，涉及行政区划调整、区域立法权的行使时都存在特殊性。

龙凤示范区所在的武陵山片区包括湖北、湖南、重庆、贵州四省市交界地区的71个县（市、区），有得天独厚的自然条件，水能资源蕴藏量大。土地资源丰富，矿产资源品种多样，锰、锑、汞、石膏等矿产储量居全国前列，旅游资源极具开发潜力。但是，基础设施薄弱，基本公共服务不足，市场体系不完善，尤其缺乏核心增长极，缺乏具有明显区域特色的大企业、大基地，产业链条不完整，没有形成具有核心市场竞争力的产业或产业集群。环境与资源的保护和利用存在较大问题。① 可以说，武陵山片区区域协作发展在很大程度上依赖国家的扶持。由于武陵山片区还包含多个民族自治地方，利益协调的重点除了规范政府行为、培育市场机制之外，还存在运用和尊重民族自治地方自治权的问题。

位于武陵山腹地的龙凤经济协作示范区是经济欠发达的少数民族经济协作区的一个缩影。

第一，区域合作双方过于"同质化"，合作动力不足，利益争夺频繁。两个资源环境、经济水平、产业布局都极为相似的县级市近距离跨省协作，利益冲突十分频繁，极易出现"短兵相接"的情况。例如两县除了在基础设施、公共服务方面作出共同规划，还会共同实施一些"一体化"项目，如果双边利益协调不好，这些项目的施工会陷入重重困境。②

第二，区域合作过程中采取的相关措施容易触及我国的民族区域自治制度。在"一体化"发展过程中，最直接争取省财政支持的途径就是利用"强县扩权"改革，争取湖北省直管来凤县或者湖南省直管龙山县，

① 参见《武陵山片区区域发展与扶贫攻坚规划（2011—2020年）》。

② 例如位于酉水河上的湘鄂情大桥、东起湖南龙山县城的岳麓大道、西接湖北来凤县城的武汉大道，由两县共同出资建设。参见张军《湘鄂情大桥（来凤段）预计年底通车》，http：//hn.rednet.cn/c/2012/09/17/2751895.htm，访问时间：2015年12月7日。根据《关于推进龙山来凤经济协作示范区发展合作框架协议》，两地至少还要共同建设黔张常铁路、龙凤西水生态文化旅游画廊、龙凤国家经济开发区、龙凤物流园、龙凤文化产业园、龙凤科教示范园、龙凤城市骨干路、龙凤城市外环线工程、龙凤城区水源点建设及供水、龙凤酉水河综合治理等十大工程。

但是，来凤县属于恩施土家族苗族自治州，龙山县属于湘西土家族苗族自治州，这种做法有削弱自治州自治权的嫌疑，违反了我国的民族区域自治制度。①

第三，市场体系不完善、观念滞后，区域合作过程中过度依赖中央投入。在不触及我国民族区域自治制度的前提下，还有一种设想就是直接争取中央的支持。但是，国家设立武陵山扶贫开发区以及龙凤示范区的目的就是要发挥当地的积极性，开拓性地走出一条脱贫之路。因此，从财政投入、利益协调等方面完全指望中央也不现实。

三　武陵山片区龙凤示范区地方利益协调机制

武陵山片区龙凤示范区虽然只是两个县级市之间的合作，地方利益协调机制也比较复杂，既包括上级政府对武陵山龙凤示范区的利益协调机制，又包括龙凤示范区内部的利益协调机制；龙凤示范区内部的利益协调机制又包括县级政府、乡级政府和村与村之间的利益协调机制。

（一）上级政府对龙凤示范区的利益协调机制

上级政府对于整个武陵山片区龙凤示范区的调控主要通过区域规划、行政指导实现。例如 2011 年国务院作出关于《武陵山片区区域发展与扶贫攻坚规划（2011—2020 年）》的批复、湖南省人民政府于 2012 年作出关于《湖南省武陵山片区区域发展与扶贫攻坚实施规划》的批复、湖北省人民政府于 2013 年批准的《湖北省武陵山片区区域发展与扶贫攻坚实施规划（2011—2010 年）》、湘西自治州人民政府出台的关于支持龙山县建设武陵山龙山来凤经济协作示范区的若干意见、恩施州人民政府出台的支持龙山来凤经济协作示范区发展的一系列措施等。上述区域规划和行政指导是国务院以及地方各级人民政府对于龙凤示范区的主要利益调控方式。

（二）龙凤示范区内部的利益协调机制

1. 龙凤示范区县级政府之间的利益协调机制

长期以来，龙凤示范区县级政府之间的利益协调机制主要是以两县党

---

① 对于强县扩权的研究可以参见戴小明、黄元姗《论城市化与自治州的未来发展》，《贵州民族研究》2012 年第 1 期；解佑贤、胡祥华、田孟清《"强县扩权"、财政"省直管县"之下的自治州地位问题研究》，《黑龙江民族丛刊》2012 年第 3 期。

政主要领导为参加者的联席会议。该机制的运行方式是在两县轮流召开联席会议，《中共龙山县委、中共来凤县委关于加快推进龙山来凤经济协作示范区建设的决定》《龙凤示范区战略规划》《关于推进龙山来凤经济协作示范区发展合作框架协议》等行政规划、行政协议以及龙凤示范区每年的工作要点都由联席会议审议通过。① 行政规划、行政协议等政府之间的协作方式在龙凤示范区频繁使用。

2. 龙凤示范区乡镇政府之间的利益协调机制

从乡镇层面看，来凤龙山相邻乡镇文化交流历史悠久，长期在基础设施建设、边区联防方面存在合作。以来凤县的百福司镇和龙山县的桂塘镇为例，百福司镇有着土家族最古老的摆手堂，两地民风淳朴，民众好摆手舞，通过摆手舞表演等活动的开展，两地民间交流频繁。多年来两镇在公共基础设施建设方面合作较多，例如百福司镇至桂塘镇附近的火岩乡的旅游公路，两镇一起协商，再报请两县相关部门批准修建。来凤县在流经两镇之间的酉水河上修建了几座小电站，修建电站的征地补偿问题，也是由两镇协商解决。百福司镇和桂塘镇相邻区域民众发生纠纷，也经常由两地派出所联合执法。自龙凤示范区建立之后，双边的人员流动性增大，经济交往更多，边区联防机制也不断完善。

目前乡镇层面合作存在的问题在于，乡镇一级政府在双边合作方面自主权有限，除对边区联防联控事务有一定自主权外，在基础设施建设、河流治理等方面的合作，大多需要由县级政府来搭建平台。因此，乡镇一级希望龙凤示范区可以更多地将县级政府权力下放，在区域合作方面是否可以给予更大的自主权，是当前乡镇政府最为关心的问题。

3. 龙凤示范区村与村之间的利益协调机制

龙凤示范区内村与村之间的合作源远流长。以来凤县百福司镇兴安村为例，该村号称"一脚踏三省市"，分别与湖南省龙山县桂塘乡、重庆市酉阳县大溪乡搭界，土家族人口占84%，村民以彭姓、田姓为主，其余村民为苗族。以来凤县的兴安村与龙山县的四坝村为例，两村民间交流十分频繁，相互通婚历史悠久，在摆手舞表演等民俗文化活动中往来密切。由于两村土地相互交错，权属争议复杂，历史遗留问题颇多，两村村民经

---

① 参见 2012 年 12 月颁布的《湘西自治州人民政府关于支持龙山县建设武陵山龙山来凤经济协作示范区的若干意见》。

常处于紧张状态，甚至导致长时间互不往来的情况。改革开放以后，随着村民外出务工机会增多，村里又积极发展养猪、种植百合等产业，村民逐渐富裕起来，对土地不再看重，一些土地权属争议才搁置下来，两村之间冲突与合作的重心从土地权属问题转到修建公路等基础设施建设、联合种植百合等共同发展经济的问题上。从两村合作修建公路的过程可以观察到相应的利益协调方式。修建公路需要占地，占地补偿问题主要由两村村民进行协商，如果双方约定修建公路占地互相不补偿，双边表态之后会当场执行，由于村民都看重诚信，甚至不用形成任何文字材料。

　　龙凤示范区设立之后，来凤、龙山两县在民生、招商、公共基础设施等方面的投入不同，导致两村发展状况出现一些差异，因此两村在合作之中也在暗自较劲、努力赶超。但是，在笔者的调研过程中发现，龙凤示范区地方政府之间的合作机制对兴安村和四坝村这种基层农村之间的合作来说并没有产生什么影响。

第二节　武陵山龙凤示范区利益协调机制之反思

　　从战略定位上看，武陵山片区是扶贫攻坚示范区、跨省协作创新区、民族团结模范区、国际知名生态文化旅游区以及长江流域重要生态安全屏障。在区域协作方面，要发挥国家深入实施西部大开发和促进中部地区崛起两大战略的政策优势，深化跨省市经济技术交流与合作，拓展与长三角地区、成渝经济区、长株潭经济区、武汉城市圈等重点经济区的合作，积极探索跨省交界欠发达地区经济一体化发展的新途径、新机制，实现优势互补，共同发展。近年来，武陵山片区包括龙凤示范区在区域协作方面积累了一些经验，同时也存在一些问题。

一　现有区域利益协调机制在龙凤示范区的运用与突破

　　我国区域合作中普遍采用的区域规划、行政协议、协作立法，龙凤示范区都有所借鉴，组织机构一体化的思路也有人提出过，甚至期待将来凤龙山合并为一个城市。龙凤示范区的利益协调机制，反映出当前我国区域合作中地方利益协调机制普遍存在的问题，但是也有一些新的探索和突破。

1. 区域规划

区域规划是协调区域关系的重要工具，是关于一定区域开发、建设进行的总体部署，为区域合作提供总体依据。因此，区域规划长期受到学界关注。由于当前区域规划既缺乏规划基本法的规制，也缺少单行法的指导，学者们对其是否能够纳入国家法的体系存在争议。实践中，区域规划普遍存在效力要求不明确、法律责任不明确的问题，逐渐沦为地方政府向中央争取资源的工具。①

《武陵山片区区域发展与扶贫攻坚规划（2011—2020 年）》《龙凤示范区战略规划》等区域规划，是龙凤示范区区域合作的总体纲领。以《武陵山片区区域发展与扶贫攻坚规划（2011—2020 年）》为例，可以观察到区域规划在龙凤示范区的运用。该规划设计的利益协调机制包括五个方面。

第一，明确各级政府职责。国务院扶贫开发领导小组办公室、国家发展和改革委员会负责规划实施的指导、协调和监督。武陵山片区四省市人民政府对本省片区内规划编制与实施负总责。片区内各地（市、州）县要充分发挥主体作用，确保完成规划任务。国家民族事务委员会为武陵山片区扶贫攻坚试点工作的联系单位。

第二，建立跨省协调机制。建立四省市联席会议制度，定期研究解决相关问题，协调推进规划编制和组织实施。四省市片区内各级政府也要建立相应的协调机制，开展多层次多方位合作交流。

第三，落实行业部门分工。国务院各部门，特别是国务院扶贫开发领导小组各成员单位，要按照各自职能分工和具体任务，合力推进规划实施。四省市各级行业部门要在上级部门指导下，积极落实政策，抓好项目实施。各级各部门要加强沟通，相互支持，协调推进。

第四，加强基层组织保障。充分发挥基层党组织战斗堡垒作用，完善村民自治制度。加强农村集体经济组织建设，大力发展集体经济，积极推进村务公开。鼓励机关优秀年轻干部、退伍军人、高校毕业生到贫困村工作。

第五，完善考核评价体系。建立规划目标责任制，对地方政府和有关行业部门开展绩效考核。省级组织、扶贫开发和人事等有关部门要密切合

---

① 参见杨丙红《我国区域规划法律制度研究》，博士学位论文，安徽大学，2013 年。

作，将规划实施工作纳入地方各级领导班子和领导干部目标考核体系。

从形式上看，该规划从上级政府到基层组织、从外部监督到内部考评，均有考虑，但是，只要区域规划没有纳入严格意义的国家法体系，其效力始终是一个问题。这也是龙凤示范区必须面对的问题。正如本书第四章第三节所讨论的，区域规划的实施主要是通过层层规划或行政指导予以实现：2011 年国务院作出关于《武陵山片区区域发展与扶贫攻坚规划（2011—2020 年）》的批复、湖南省人民政府于 2012 年作出关于《湖南省武陵山片区区域发展与扶贫攻坚实施规划》的批复、湖北省人民政府于2013 年批准《湖北省武陵山片区区域发展与扶贫攻坚实施规划（2011—2010 年)》、湘西自治州人民政府出台关于支持龙山县建设武陵山龙山来凤经济协作示范区的若干意见、恩施州人民政府出台支持龙山来凤经济协作示范区发展的一系列措施。区域规划一般情况下不会直接对外部行政相对人的权益产生影响，但是在行政主体内部却发挥着重要作用。因此，它们依靠行政机关上下级之间的关系，得以层层落实。从武陵山片区龙凤示范的经验可以看到，用行为机制替代组织结构的功能，在当前组织机构一体化缺乏宪法和组织法依据的情形下，是推动区域协作法治化进程的可行之策。

2. 行政协议

行政协议是区域利益协调中应用最为广泛的一种方式，行政协议的效力是学界长期关注的问题。来凤龙山两地的利益协调，最为频繁采用的就是以党政主要领导联席会议为基础签订行政协议的模式。这种协调机制的优点在于比较灵活，能促进各方主体的参与，其缺点在于双边对话难以形成有约束力的合意，而且容易受到领导任期等因素的影响；在面对直接利益冲突时，一方面，难以形成均可接受的解决方案，另一方面，已达成协议的执行力难以得到有效保障。几年来，龙凤示范区的协调机制发挥了一定作用，以黔张常铁路建设为例，来凤和龙山都想在本县境内设立客运站和货运站，后来两地的发改部门主动坐下来谈，最终讨论出了一个双方都能接受的结果：来凤境内设货运站，龙山境内设客运站；再如，在讨论示范区旅游业总体定位时，龙山县认为应举两县之力，打造以龙山里耶为龙头的秦简文化旅游品牌。对此，来凤县认为，应以酉水河为纽带，在来凤仙佛寺和里耶之间开发土家族民俗文化风光带。几经协商后，总体定位涵盖了历史文化和少数民族文化，给了双方发展的空间。① 但是，如果任何一方违反上述情形下签订的协议，另一方都找不到有效的救济途径。可见，在目前这种柔性协调机制下，只有双方都愿意接受的项目才能最终得到执行。因此，普遍认为这给示范区在区划一体、资源整合、要素配置、基础建设、产业分工、环境保护等方面的协调发展造成了较大障碍，需要建立更为"刚性"的利益协调机制。②

对此，本书认为，区域协作本就建立在各地政府平等、自愿、协商的基础上，一味强调协调机制的"刚性"，有违协作的初衷。目前，学界对于行政协议的认识不一，有学者"主张把行政协议作为法律规范性文件来对待，使行政协议不仅仅约束缔约方，而且也约束辖区内所涉及的公众"③。也有学者认为"可以借鉴合同法理论中的合同相对性的突破来解释"④。本书认为区域行政协议可以从公法契约的角度进行阐释，也可以从行政规范性文件的角度进行阐释，这两种属性之间并不矛盾。一方面，将行政协议作为法律规范性文件对待，从法律规范的效力角度寻求行政协议的效力。实践中，如果订立协议的双方实在达不成共识，可以参照规范性文件的批准程序，向共同的上级人民政府申请裁决。当然，作为行政规范的行政协议还存在制定权限、效力位阶、审查监督等一系列问题需要解决，这有待国家法体系的进一步完善。另一方面，将行政协议作为公法契约对待，从合同的效力理论寻求行政协议的效力。针对目前行政协议纠纷解决机制的欠缺，"借鉴美国的仲裁程序，即在行政协议中约定仲裁机制，并由法律赋予这种仲裁的效力，是值得充分考虑的"⑤。为更好地解决区域行政协议履行过程中出现的纠纷，在订立行政协议的过程中尽可能写明争议解决方式，便于合作各方按照公法契约的方式，协商解决问题。由此，将行政协议变成"软硬"兼具的地方利益协调机制。

---

① 参见付文、侯琳良《两个国家级贫困县两年来抱团取暖 "龙凤"能否呈祥》，《人民日报》2013 年 10 月 30 日。

② 根据笔者多次到龙凤示范区所做调研，这是一个比较普遍的说法。

③ 参见叶必丰《我国区域一体化背景下的行政协议——以长三角区域为样本》，《法学研究》2006 年第 3 期。

④ 叶必丰等：《行政协议：区域政府间合作机制研究》，法律出版社 2010 年版，第 16 页。

⑤ 同上书，第 21 页。

3. 立法协作

立法协作既包括地方政府之间协作制定行政规章，也包括地方人大之间协作制定地方性法规（民族自治地方协作制定单行条例）。我国区域合作实践中，主要采取的是政府之间协作制定行政规章的方式。2015 年，龙凤示范区来凤县、龙山县分别提请恩施土家族苗族自治州和湘西土家族苗族自治州人大进行协作立法，对于酉水河流域的污染防治和开发利用具有重要意义，也对地方人大之间的协作立法具有示范意义。立法协作具有较大的权威性，但是由于各地方人大立法计划难以同步、立法周期较长，不可能成为区域合作经常采用的方式。本章第三节将对恩施土家族苗族自治州和湘西土家族苗族自治州的立法协作进行深入探讨。

二　对行政权威过分依赖是龙凤示范区等欠发达区域的普遍问题

由于区域规划、行政协议等利益协调机制都存在法律责任不明确、纠纷解决机制欠缺等问题，实践中，一些合作区域试图建立更具“刚性”的合作机制。一些地方尝试采用一体化组织来实现利益协调——立法机关、行政机关甚至党委机关的一体化。[①] 在龙凤示范区，一方面，由于来凤、龙山两地缺乏完善的市场体系，资源配置过程中政府起着重要作用，在两个产业结构、经济水平、资源环境等因素极度相似的城市的合作过程中，极易发生争夺资源的情况，此时两地政府自然会寄希望于上级政府（对于跨湖南、湖北两省的龙凤示范区来说就是国务院及相关部门，例如国家发展和改革委员会的西部司）强有力的支持；另一方面，由于两地经济发展水平十分落后，区域协作发展过程中基础设施、公共服务、环境与资源保护等领域的建设常常陷入资金困境，自然也需要上级政府强有力的支持。因此，建立“刚性”的利益协调机制就常常被等同于：在国家层面建立起更为“权威”的工作机制以支持协作区域的发展和纠纷解决；或者突破现有的行政区划和层级、实现省级直管，为协作区域争取更多的支持。

上述想法试图绕开区域合作各方的意愿、规范意义上的国家法，依靠行政权威推进区域合作。对此，笔者认为缺乏可行性，理由如下：

---

① 参见秦旭东《乌昌党委导演乌鲁木齐—昌吉一体化》，《21 世纪经济报道》2005 年 10 月 8 日。

第一，行政区划的变动在现实中比较困难。行政区划的变动对相关区域的社会、经济、文化发展会产生较大影响。如果不充分尊重民意和相关区域政府的利益诉求，简单地凭借政治动员或是行政手段调整行政区划，会导致很多"遗留"问题。同时，行政区划的变动尤其是民族自治地方行政区划的变动也受到法律的严格限制。《民族区域自治法》第14条规定："民族自治地方的建立、区域界线的划分、名称的组成，由上级国家机关会同有关地方的国家机关，和有关民族的代表充分协商拟定，按照法律规定的程序报请批准。""民族自治地方一经建立，未经法定程序，不得撤销或者合并；民族自治地方的区域界线一经确定，未经法定程序，不得变动；确实需要撤销、合并或者变动的，由上级国家机关的有关部门和民族自治地方的自治机关充分协商拟定，按照法定程序报请批准。"因此，行政区划的变更尤其是民族自治地方行政区划的变更要经过慎重的调研和讨论。

第二，实现省级直管有削弱民族自治地方自治权的嫌疑。龙凤示范区的来凤县属于恩施土家族苗族自治州，龙山县属于湘西土家族苗族自治州，如果湖南、湖北两省对龙山、来凤直管，就存在削弱两个自治州自治权的嫌疑，违反我国的民族区域自治制度。①

第三，完全依靠国家支持有违区域合作的目的。区域合作主要目的在于发挥地方的主观能动性，例如国家设立武陵山扶贫开发区以及龙凤示范区的目的就是要发挥当地的积极性，开拓性地走出一条脱贫之路。因此，从财政投入、利益协调等方面完全指望中央有违设立示范区的初衷。

第四，区域合作真正的发展动力应当来自合作地区本身，正如俗话所说，"强扭的瓜不甜"，完全依靠上级政府"自上而下"的强力推动并不能真正解决问题。现行《宪法》第3条第四款规定："中央和地方的国家机构职权的划分，遵循在中央的统一领导下，充分发挥地方的主动性、积极性的原则。"在区域合作过程中，上级政府利用行政权威干预地方政府合作，也有违宪法对中央与地方的权限划分原则。

---

① 对于强县扩权的研究可以参见戴小明、黄元姗《论城市化与自治州的未来发展》，《贵州民族研究》2012年第1期；解佑贤、胡祥华、田孟清《"强县扩权"、财政"省直管县"之下的自治州地位问题研究》，《黑龙江民族丛刊》2012年第3期。

三　要重视区域非正式利益协调方式的作用

区域合作目前在我国已经成为普遍存在的现象，区域之间的利益协调机制也各具特色，但是总体上说，城市之间的合作受到普遍关注，学界的研究思路几乎都是考虑如何将合作方式纳入国家法的体系之中。有学者以行政协议为例指出，"就目前区域一体化进程中的区域政府协议而言，就存在城市结盟，无视农村和农民的倾向，也存在行政协议事实上的封闭性、拒绝申请加入的排斥性现象"①。

龙山、来凤两县的合作机制作为我国当前区域合作机制的缩影，主要也运用了制定区域规划、签署行政协议、开展立法协作等由地方政府主导的比较正式的区域合作机制。同时，笔者也观察到，武陵山片区龙山来凤经济协作示范区还存在县城之外的乡镇、村寨之间的非正式合作方式，这些合作方式对完善区域合作机制、探讨民间法与国家法之间的良性互动有着重要意义。从龙凤示范区县、乡镇、村各级区域合作模式可以看出：由政府主导的合作，一般有国家法层面的依据，在形式上具有规范性，但由于区域合作本身是出于双方的合意，不具有强制性，国家法意义上的"刚性"利益协调机制很难建构起来。而且随着政府层级的降低，政府在合作事宜上的权限也会削弱，对区域间合作事宜的推动会显得无能为力。例如，来凤、龙山两县没有立法权，在酉水河流域保护问题上的合作问题，只能提请各自所属的自治州人大解决。而百福司镇等乡镇之间的合作事宜，大多又只能依靠县级政府搭建平台。

要改变对行政权威的过分依赖，就要重视民间自发的合作。从来凤县的兴安村与龙山县的四坝村民间合作可以看出，民间合作主要是自发的，主要依靠当地的民俗习惯约束，在形式上虽然不具国家法意义上的规范性，但因与合作各方的利益与意愿相一致，在实践中更能顺利推行。作为"地方性知识"的民俗习惯，长期存在并被反复运用，是区域合作发展的文化根基和影响因素，对于构建区域合作机制具有重要意义。政府之间构建的区域协作机制，是一套外在的调整系统，民俗习惯则是一种生活方式、一种"集体意识"、一种内生的调整方式，构成区域法治发展进程的重要社会渊源和精神纽结。如果政府之间的利益协调机制不充分考虑地方

---

① 叶必丰等：《行政协议：区域政府间合作机制研究》，法律出版社 2010 年版，第 15 页。

的民俗习惯，就无法对基层农村产生真正的影响，也无法将基层农村原生的利益协调机制吸纳进去，实现区域的全面协作。

当然，民间的利益协调机制也存在局限性。正如哈特所说："很明显地，只有因血缘、共同情感和信念而紧密结合，并处于稳定环境的小型社群，始能成功地依赖此种非官方规则的体制而生活。"[①] 随着社会的发展和人口流动性的增加，原来的"熟人社会"逐渐消失。在新的基层治理理念下，农村也在探索有效组织起来的新路子。例如龙凤示范区基层农村的"网格化"管理、边区乡镇的联防联治措施等。政府主导的地方利益协调机制与民间的合作机制相互补充、相互影响，对于区域法治的发展而言十分重要，从本土文化中获得生命力的区域协作机制，才能真正解决不同区域在合作过程中产生的问题。

四　完善龙凤示范区地方利益协调机制还需要考虑的几个问题

经济协作区域真正的发展动力应当来自协作地区本身，寄希望于上级政府"自上而下"的强力推动不切实际。笔者认为，对于龙凤示范区这种少数民族经济协作区，要进一步完善地方利益协调机制，还有以下问题需要考虑。

第一，大力培育市场机制。在传统的行政区模式下，市场被人为割裂开，不利于产品和生产要素的流动与合理配置。区域经济一体化的发展，就是要在地域上较接近地区之间，按照区域总体发展的目标，通过合理分工，在区域内重新进行资源的优化配置，在更大范围内形成自由市场，减少行政割据对市场的干扰。市场经济是法治经济，政府应当提供更好的竞争环境和制度保障。以龙凤示范区为例，目前两地政府在招商引资过程中发生的争夺战，主要是因为没有形成良好的投资环境和规范的市场准入制度，这些问题必将随着两地市场经济的发展、市场规则的进一步完善得到解决。

第二，规范地方政府行为。对政府行为的约束，一方面依靠内部的行政考核机制；另一方面依靠外部的权力监督机制（例如人大、法院、媒体等）。目前我国地方政府之间利益冲突的事后解决机制极度缺乏，主要

---

① ［英］H. L. A. 哈特：《法律的概念》，许家馨、李冠宜译，法律出版社 2006 年版，第87页。

依靠媒体等社会舆论监督和内部的行政考核机制。《关于推进龙山来凤经济协作示范区发展合作框架协议》将合作内容归纳为几个"一体化"：规划、城区建设、基础设施、产业、酉水河保护与综合利用、旅游、公共服务、生态环境保护、金融服务、平安创建、人才发展以及十大重点工程。来凤、龙山两县的干部考核指标就可以加入相关内容，规划一体化方面重点考核龙凤示范区总体规划在两县的落实情况；同城化建设方面重点考核龙凤示范区城市建设规划在两县城市建设中的落实情况；基础设施一体化方面重点考核龙凤示范区基础设施建设规划在两县基础设施建设中的落实情况；市场一体化方面重点考核两县在商品和人才等要素市场及招商引资方面，是否违反龙凤示范区总体规划，是否有地方保护行为。通过行政系统的内部考核机制，可以对政府权力的约束起到一定作用。

第三，合理运用民族区域自治权。由于《民族区域自治法》第 32 条明确规定，"民族自治地方的财政是一级财政，是国家财政的组成部分。民族自治地方的自治机关有管理地方财政的自治权。凡是依照国家财政体制属于民族自治地方的财政收入，都应当由民族自治地方的自治机关自主地安排使用。……民族自治地方的自治机关在执行财政预算过程中，自行安排使用收入的超收和支出的节余资金"，因此对于来凤、龙山两县争取省级直管的设想，并不能在法律上找到空间。但是，也正因为两县处于民族自治区域，完全可以在合理利用自治州立法权的基础上为示范区的发展创造更好的空间。以跨界的流域保护为例，位于两个县城之间的酉水河发源于来凤上游的宣恩县，酉水河的环境保护仅靠一县之力或两县的协商无法实现，来凤、龙山可以推动所在的两个自治州采取立法协作的方式，统一商定立法内容，由湘西土家族苗族自治州人大和恩施土家族苗族自治州人大分别出台酉水河保护条例，条例既可以以地方性法规的形式出台又可以以单行条例的形式出台，在充分行使自治立法权的前提下，更好地实现跨界公共事务的共同治理。

第三节　区域协作立法的经验——《酉水河保护条例》的探索

随着经济增长方式的转变和国家对区域间协调发展的重视，各类经济一体化合作全面、深入地发展起来。区域经济一体化超越了省、市、县等原有的行政区域界限，地方政府之间合作与竞争并存。实践中，传统行政区域治理方式的影响以及对本地经济指标的过分关注，往往会导致地方政府之间竞争失序，地方政府滥用权力，切割区域市场，阻碍自由大市场的形成，跨界公共事务治理陷入困境。立法，从根本上说就是有权主体对利益进行配置和确认，因此区域立法合作是协调地方政府之间利益冲突的重要方式。

一   不同宪政体制下的区域立法合作概述

在不同的宪政体制下，区域立法合作模式不尽相同。目前，受到学术界普遍关注的主要有三种模式。一是以欧盟为代表的区域立法合作。欧洲议会的立法权以及欧洲法院在保障欧盟各项立法得以实施方面发挥的作用，受到我国学者的关注。① 二是以美国为代表的联邦制国家的区域立法合作。从美国历史上看，同时具有州法和合同性质的州际协定是最重要的区域合作机制，② 也是我国学者最为关注的内容。三是以法国为代表的单一制国家的区域立法合作。1982 年，密特朗总统开始推动新的地方政府制度改革，以 1982 年 3 月国民议会通过的《关于市镇、省和大区的权力和自由法案》为转折点，大区成为地方自治团体，两个或几个大区在其职权范围内，可以订立协定的方式开展立法合作。③ 由于同样是单一制国家，法国区域立法协作的经验也受到我国学者的关注。

学界对我国区域立法合作的研究主要集中在政府之间制定规章过程中的合作。④ 根据《立法法》的规定，地方立法有三种形式：一是制定地方政府规章；二是制定地方性法规；三是民族自治地方制定自治条例和单行条例。我国区域立法合作也包括三种形式：一是地方政府之间合作制定行政规章，这是实践中常见的一种立法合作，以 2006 年 1 月辽宁、黑龙江

---

① 刘秀文、埃米尔·J. 科什纳等：《欧洲联盟政策及政策制定过程研究》，法律出版社 2003 年版，第 27 页。

② F. Zimmerman, Interstate Cooperation: Compact and Administrative Agreements, Westport CT: Greenwood Press, (2002), pp. 1 - 37.

③ 参见王名扬《法国行政法》，中国政法大学出版社 1988 年版，第 113 页。

④ 参见王子正《东北地区立法协调机制研究》，《东北财经大学学报》2008 年第 1 期。

和吉林三省共同签署的《东北三省政府立法协作框架协议》为代表;① 二
是有立法权的地方人民代表大会及其常务委员会之间合作制定地方性法
规,2015 年底位于武陵山片区的湖北省恩施土家族苗族自治州与湖南省
湘西土家族苗族自治州人大合作制定《酉水河保护条例》,创造了地方人
大常委会之间立法合作的实例;三是民族自治地方人大之间合作制定自治
条例和单行条例。2015 年 3 月《立法法》修订之后,设区的市和自治州
在城乡建设与管理、环境保护、历史文化保护等三个方面才有了地方性法
规制定权。据笔者了解,目前民族自治地方人大之间还没有开展自治立法
合作的实例,如果恩施、湘西两州在《立法法》修订之前合作制定《酉
水河保护条例》,就是单行条例的合作立法。地方人大常委会之间的立法
合作,比地方政府之间的立法合作更为复杂,更能反映出区域立法合作中
存在的问题。因此,本节将以《酉水河保护条例》的制定过程为例,对
我国区域立法合作的现状和未来展开讨论。

二　《酉水河保护条例》的制定背景

《酉水河保护条例》是湖北省恩施土家族苗族自治州与湖南省湘西土
家族苗族自治州为共同保护酉水河而开展的跨行政区域立法合作。酉水河
发源于湖北省宣恩县椿木营乡七姊妹山自然保护区,自东北向西南流经湖
北省来凤县,湖南省龙山县、永顺县、保靖县、古丈县、沅陵县,重庆市
酉阳县、秀山县,贵州省松桃县等地,汇入洞庭湖流进长江。由于环保意
识薄弱、立法保护缺位、监管体制不顺,酉水河流域的干流和支流均受不
同程度污染。从利益协调机制的角度,主要有以下突出问题。

首先,上位法的抽象性导致酉水河的保护标准不一致。例如,《中华
人民共和国河道管理条例》第 25 条、第 44 条规定,在河道管理范围内进
行采砂、取土,在河道滩地开采地下资源及进行考古发掘的,必须报经河
道主管机关批准。未经批准的,"县级以上地方人民政府河道主管机关除
责令其纠正违法行为、采取补救措施外,可以并处警告、罚款、没收非法
所得"。但是,并没有规定具体的数额。《湖北省河道采砂管理办法》第
24 条规定,未经许可擅自进行河道采砂的,由县级以上人民政府水行政

---

① 参见钱昊平《东北三省横向协作立法 能否一法通三省受关注》,《新京报》2006 年 8 月
4 日。

主管部门责令停止违法行为，没收非法所得，并处 1 万元以上 3 万元以下的罚款。但是对于其他几种违法行为，没有规定具体的处罚数额。上位法的抽象性，留给执法部门行使裁量权的空间，如果双方的裁量基准不一，就会出现同样的行为在酉水河左右岸承担的法律后果不同的情况。

其次，法律规范之间的冲突导致酉水河的保护标准不一致。例如，《恩施土家族苗族自治州清江河保护条例》（在《酉水河保护条例出台之前》，该条例也适用于恩施州境内的酉水河）第 21 条规定，"在清江保护区内禁止下列行为：开山炸石、取土、挖砂、采矿、砍伐森林、采挖树蔸（桩），狩猎以及烧山开荒等一切破坏河床、河岸、库岸、自然景观的行为"。然而《湘西土家族苗族自治州河道管理条例》第 10 条规定，禁止在水文监测河段河床内采石、取土、淘金、挖砂、设置排污口等。相比较之下，恩施州禁止在保护区内挖砂，而湘西州只禁止在水文监测河段河床内挖砂。同一条河流的保护，禁止的行为却不一样，也即是保护的标准不一致。

最后，管理体制的混乱导致酉水河的保护效率低下。根据《环境保护法》的规定，国家针对跨行政区域的重点流域的环境污染和生态破坏建立联合防治协调机制，对于非重点流域的跨行政区域的环境污染和生态破坏的防治，由跨行政区域流域所在地的上级人民政府协调解决。从跨行政区的角度来看，对酉水河的保护没有建立联合防治协调机制，从行政区域内部看，具有执法权的部门多、职能交叉不清，执法效率低下。在酉水河保护执法过程中，经常出现两县之间、各部门之间互相推诿责任、无法有效协作的情况。

三　《酉水河保护条例》的制定过程

（一）酉水河保护立法合作主体

《酉水河保护条例》的立法合作主体是恩施州人大常委会与湘西州人大常委会。在酉水河流域，享有立法权的地方包括三省一市（湘鄂渝黔）、两个自治州（恩施州与湘西州）和三个自治县（重庆的酉阳县、秀山县，贵州的松桃县），各地长期以来对酉水河采取的保护方式不同，本届人大的立法计划也不同，因此最后达成立法合作共识的是恩施州人大常委会与湘西州人大常委会。

（二）酉水河保护立法合作方式

酉水河保护立法的正式合作方式是联席会议，会后也通过两州相关部门之间的沟通、协商开展工作。酉水河保护立法工作第一次联席会议于2015年9月在湖北省来凤县召开，除湖北省人大常委会、湖南省人大常委会、恩施州人大常委会、湘西州人大常委会相关负责人参会之外，还有贵州省松桃县人大常委会、重庆市秀山县人大常委会和酉阳县人大常委会相关负责人列席会议，列席方表示要积极参与酉水河保护事项的协商与落实。会议主要议程包括：恩施州和湘西州就《酉水河保护条例》列入本届人大常委会2015年度立法计划，并报请湖北省、湖南省列入2016年度立法计划达成共识；讨论完善酉水河保护合作立法工作方案；讨论完善《酉水河保护条例（草案）》初稿。① 根据联席会议的决议，2016年3月，恩施州报请第七届人大常委会第二十八次会议对《酉水河保护条例》进行了审议，湘西州也在积极准备人大常委会对草案文本的审议。

2016年5月，酉水河立法合作第二次联席会议在湖南永顺县召开，贵州省松桃县人大常委会、重庆市秀山县人大常委会和酉阳县人大常委会相关负责人也列席会议，深入讨论了《酉水河保护条例》草案文本。原第一次联席会议审议的统一文本，在本次会议改为《恩施土家族苗族自治州酉水河保护条例》和《湘西土家族苗族自治州酉水河保护条例》两个文本。会议同时还倡议各级人大充分发挥引领、主导、推进作用，探索跨行政区域人大立法、监督协作，推动流域经济社会和谐、持续发展。② 会后，恩施州、湘西州都在积极筹备报送州人大常委会审议和两省人大常委会批准的事宜。2016年9月29日，恩施州第七届人大常委会第三十二次会议审议通过《酉水河保条例》，2016年12月1日，湖北省第十二届人大常委会第二十五次会议批准该条例。湘西州的文本将于2017年提交湖南省人大常委会批准。条例获得批准后由两州分别发布。

（三）酉水河保护立法合作成果

《酉水河保护条例》是酉水河保护立法合作成果的主要体现。立法合

---

① 参见唐俊《鄂湘渝协作立法保护酉水河》，来源：恩施州人民政府网，访问时间：2016年6月1日。

② 参见唐清峰《酉水河流域协作立法第二次联席会议在湘西州召开》，来源：湘西人大网，访问时间：2016年6月1日。

作是一个复杂的利益博弈过程，从文本上看，2015 年提交第一次立法联席会议讨论的草案、2016 年 3 月提交恩施州人大常委会的第一次审议稿、2016 年 5 月提交第二次立法联席会议的草案在内容上差异较大，可以看出合作各方利益配置方案在不断调整；第一次联席会议的统一文本变成第二次联席会议两个不同文本，可以看出合作各方利益分歧较大。①

第一次提交联席会议的草案内容涉及整个酉水河流域的保护，包括总则、管理机构、流域规划、流域保护与治理、河道保护与治理、生态保护与水污染防治、饮用水源及特殊水体保护、河流交接断面水质保护、流域开发与利用、文化传承与保护、信息公开和公众参与、法律责任、附则等九章。经过讨论、修改后，提交恩施州人大常委会第一次审议稿包括总则、政府职责与公众参与、跨行政区域协调保护机制、水资源保护、水污染防治、法律责任、附则等七章。这一版本将第一次联席会议讨论稿中的"文化传承与保护"等内容删掉，立法目标从对整个酉水河流域的保护缩减为酉水河的保护，更具现实可操作性。将跨行政区域协调保护机制单列一章，突出区域立法合作的重点。

在提交第二次立法联席会议讨论的草案文本中，恩施版修改为总则、政府职责与公众参与、跨行政区域协调保护机制、水资源保护与水污染防治、水污染防治、法律责任、附则等六章，湘西版还是保留了原来版本的七章。文本内容主要存在两方面差异：一是湘西州与恩施州相关职能部门在流域治理和保护事项上的分工不尽相同，两份草案在部门职责的规定上存在差异；二是两州州情不同，两份草案在酉水河保护措施方面存在差异。例如，恩施州作出禁止网箱养鱼的规定，但是湘西州不同意，认为网箱养鱼在湘西州是沅陵县凤滩水库等的水库移民的主要谋生手段，在没有解决水库移民的生活来源问题之前，禁止网箱养鱼不现实。在酉水河立法合作第二次联席会议上，双方提出"求大同、存小异"合作原则：一是在上位法规定的水资源保护标准下协商。以网箱养鱼为例，虽然其对水体质量影响较大，但是目前《中华人民共和国渔业法》等上位法并没有明

---

① 2015 年，恩施自治州人大常委会将《酉水河保护条例》草案委托给湖北民族学院法学院起草，笔者是起草组成员之一。需要指出的是，《酉水河保护条例》的内容以湖北省人大常委会批准的版本为准，本书对立法合作过程中公开征求意见的几个版本进行对照，目的是考察合作各方利益冲突的焦点所在。

确禁止；二是要实现两州立法合作的目的。两州开展立法合作的目的就是改变流域治理过程中各自为政的状况，因此跨行政区域协调保护机制是立法合作的核心问题。最后，会议认可了双方文本在"网箱养鱼"等方面规定的不同，也就"跨行政区域协调保护机制"一章双方文本必须保持一致达成共识。

四　区域立法合作的经验总结——《酉水河保护条例》制定过程的启示

《酉水河保护条例》的制定过程是一个典型的中国式区域立法合作过程，合作各方通过联席会议的形式进行协商，对文本达成共识后，各自履行报批程序，然后各自发布、实施。这个过程回避了区域立法合作过程中可能碰到的合法性问题。

（一）区域立法合作的意义

我国长期以来对流域保护问题高度重视，专门的立法保护从水污染控制开始，始于 20 世纪 70 年代末 80 年代初，但是实施结果却不尽如人意。流域是完整的自然区域，由于行政区划的局限，由不同地方政府管辖，立法上受到行政区域治理模式的影响，不尊重流域的自然统一性、功能统一性，各地的监管体制又是"多龙治水"，地方利益、部门利益恶性竞争，形成流域治理的"公用地悲剧"。

近十多年来，随着区域合作的深化，一些省市建立起流域保护的政府合作机制，例如，2009 年长三角城市经济协调会第九次会议形成了长三角跨界水体生态补偿机制总体框架。[①] 2014 年修订的《中华人民共和国环境保护法》（以下简称《环境保护法》）第 20 条规定，"国家建立跨行政区域的重点区域、流域环境污染和生态破坏联合防治协调机制，实行统一规划、统一标准、统一监测、统一的防治措施"；"前款规定以外的跨行政区域的环境污染和生态破坏的防治，由上级人民政府协调解决，或者由有关地方人民政府协商解决"。上述规定为地方政府之间在跨行政区域的流域治理方面展开合作提供了法律依据，但是在合作机制方面并没有进一步规定。2015 年，湖北省恩施土家族苗族自治州与湖南省湘西土家族苗

---

① 参见胡晓红等《我国跨区域水环境保护法律制度研究》，法律出版社 2012 年版，第145 页。

族自治州人大常委会决定开展立法合作，促进跨行政区域的酉水河治理与保护。这对于长期以合作制定行政规章为主的区域立法合作来说，是一项创举。

（二）区域立法合作的性质

《酉水河保护条例》（以下简称《条例》）的制定过程是区域各地方人民代表大会及其常委会的立法合作过程。根据酉水河保护立法工作第一次联席会议纪要，湖南省湘西土家族苗族自治州人大常务委员会与湖北省恩施土家族苗族自治州人大常务委员会商定：首先将《条例》分别纳入2015年本届人大常委会立法计划，再向各自省市人大常委会负责立法的工作机构作汇报，将制定《条例》分别纳入2016年度省市人大常委会立法计划。然后双方委托专家组进行草案的起草工作，草案分别由双方的人民代表大会常务委员会审议后，分别报请湖北省人大常委会和湖南省人大常委会批准。①从上述立法合作过程可以看出，两个自治州人大常委会也是在立法时间表统一的前提下，充分沟通，形成文本，再分别提交审议、分别出台地方性法规，这个过程也属于协作立法、同步立法以及松散的联合立法。

（三）区域合作组织的合法性

在我国，区域合作有法律依据，区域合作组织却没有组织法和行为法上的依据。区域合作组织的权力，可以来自《宪法》、组织法的一般性授权，也可以来自某些法律规范的专门性授权。综观我国现行《宪法》《地方各级人民代表大会和地方各级人民政府组织法》等一般授权性规范，都没有明确的区域合作组织的规定。但是，这并不能说明区域合作不具备合法性。正如学者所指出，结合宪法与法律的原则和精神，"沿着解释的路径，最终都能找到区域行政规划、区域行政指导、区域行政协议、区域性组织和区域协作立法的法律依据即《宪法》第3条、第15条、第30条、第33条、第89条等以及《立法法》和《地方各级人民代表大会和地方各级人民政府组织法》上的相关规定"②。我国地方政府或其他机关之间的联合，在一些法律规范中也可以找到专门性授权依据。例如，《环

---

① 参见胡域《湘西恩施跨省立法 协同保护酉水河》，来源：红网，访问时间：2015年12月。

② 叶必丰：《区域经济一体化的法律治理》，《中国社会科学》2012年第8期。

境保护法》第 20 条对跨流域的地方政府合作的规定；《湖南省行政程序规定》第 15 条第 1 款规定了地方政府之间合作的基本原则，"各级人民政府之间为促进经济社会发展，有效实施行政管理，可以按照合法、平等、互利的原则开展跨行政区域的合作"。

《酉水河保护条例》制定过程中采用联席会议制度，与一般的合作组织不同，实践中联席会议只是一种会议形式，通过会议决议的方式行使权力。联席会议并不是一个实体机构，因此不会涉及组织法意义上的合法性问题。对于联席会议决议，如果实践中得不到遵守或者执行，联席会议没有处罚权或者强制执行的权力，因此联席会议的行为也不存在行为法意义上的合法性问题。因此，《酉水河保护条例》的立法合作组织没有突破现行法律框架，不会遭到合法性质疑。

（四）区域立法合作的内容

立法是一个复杂的利益博弈过程，需要耗费大量的社会成本，合作立法的成本更高，需要根据实际情况选择合作立法方式。我国地方立法主体多元化，《立法法》对地方性法规的限制与地方政府规章相比要严格得多，制定程序也更为复杂，耗费的立法成本差异较大，因此，究竟开展怎样的区域立法合作，需要进行慎重选择。

1. 在地方性法规与规章之间的选择

从立法权的行使原则上看，"地方性法规遵循'不抵触'原则，即不能与宪法、法律、行政法规相抵触；而地方政府规章遵循'根据'原则，即应当根据法律、行政法规、地方性法规制定地方政府规章"①。地方性法规可以进行创制性立法，地方政府规章则只能规定解释性或者执行性内容。2015 年《立法法》修订后，第 82 条第 5 款增加规定，"应当制定地方性法规但条件尚不成熟的，因行政管理迫切需要，可以先制定地方政府规章。规章实施满两年需要继续实施规章所规定的行政措施的，应当提请本级人民代表大会或者其常务委员会制定地方性法规"。这一条款扩大了地方政府规章的权力，某些事务尚未制定地方性法规，但是属于行政管理迫切需要的，可以先制定地方政府规章。只不过规章的实施期限为两年。在地方立法合作中，对于关系到整个区域长期发展的问题，可以采用各地

---

① 叶必丰等：《行政协议：区域政府间合作机制研究》，法律出版社 2010 年版，第 165—166 页。

方人民代表大会及其常委会协作制定地方性法规的方式，对于某些比较迫切需要解决的、制定地方性法规条件不成熟、成本太高的，可以选择地方政府之间合作制定规章的方式。《酉水河保护条例》没有选择地方政府规章的方式展开合作，原因在于：酉水河的保护是一项具有长期性、持续性和重要性的工作，由于上位法的抽象性和酉水河保护的实际需要，必然要求立法主体在上位法的基础上进行创制立法，规章虽然也可以"先行先试"，但是在没有地方性法规的情况下先行制定的规章，存续期只有两年。两个自治州选择合作制定地方性法规，更为符合酉水河保护工作的需要。

2. 在地方性法规与单行条例之间的选择

民族自治地方开展立法合作与其他区域相比更为复杂。《立法法》修订之后，恩施土家族苗族自治州和湘西土家族苗族自治州人大及其常委会的立法权变得比较复杂：一是人大继续享有自治立法权；二是人大及常委会被授予城乡建设与管理、环境保护、历史文化保护等方面的地方性法规制定权。酉水河保护的内容涉及环境保护方面的事项，既可以制定单行条例，又可以制定地方性法规；《酉水河保护条例》既可由自治州人大以单行条例的方式通过，又可由自治州人大以地方性法规的方式通过，还可由自治州人大常委会以地方性法规的方式通过。由于自治州人大和人大常委会的工作机制不同，自治州人大每年只召开一次会议，自治立法权行使的周期比较长，自治州人大常委会的会期比较灵活，制定地方性法规的周期较短。权衡了相应立法成本之后，两地最后选择了由自治州人大常委会合作制定地方性法规的方式。

五 区域立法合作的未来展望——《酉水河保护条例》引发的思考

从《酉水河保护条例》的制定过程可以看出，区域立法联席会议是一种比较松散、灵活的合作方式，缺乏相应的实施机制。随着区域立法合作的深入开展，立法联席会议存在的问题将会更加突出。一方面，立法合作组织的权威性影响合作决议的效力。联席会议不是正式的联合立法机构，可以回避组织法意义上的合法性问题，但也影响了合作组织的权威和合作的成效。即使合作各方事先对联席会议的权限范围达成共识，共识也只能在符合法律规定的前提下、在合作各方自愿协商的基础上作出，而且该共识并不能成为联席会议行为的合法性依据，因此联席会议不可能由此获得对决议的强制执行权。另一方面，合作决议执行机制的缺失也影响其效力。联席会议决议并没有相应的保障实施机制，如果合作一方反悔或者对联席会议决议作出重大改变，另一方也无能为力。对上述问题，笔者认为，区域立法合作决议由公权力机关作出，既是建立在合作各方自愿协商基础上的契约，又是受法治原则调整的规范。从不同的属性出发，可以对区域立法合作机制的完善路径作出不同的探索。

（一）规范意义上的区域立法合作

对于规范的"效力"，凯尔森认为，就是指"规范（norm）的特殊存在。说一个规范有效力就是说我们假定它的存在，或者就是说，我们假定它对那些其行为由它所调整的人具有'约束力'"①。"法律规则，如果有效力的话，便是规范。"② 凯尔森在批判奥斯丁关于法律是主权者"命令"的观点时指出，并不是某一个具有优越权力的人所发出的每一个命令，都是有约束力的。"一个命令之所以有约束力，并不是因为命令人在权力上有实际优势，而是因为他'被授权'或'被赋权'发出有约束力的命令。而他之'被授权'或'被赋权'，只是由于一个预定是有约束力的规范性命令，授予他这种能力（capacity），即发出有约束力命令的权限（competence）。"③ 因此，相应的规则是否具有效力，其权力来源是一个决定性因素。这也是学者们主张未来区域立法机构一体化的原因所在。目前存在两种比较有代表性的区域立法机构一体化主张：一是在地方层面实现区域立法机构一体化；二是从中央层面实现立法机构一体化。

立法机构一体化是美国、欧盟等国家和地区开展区域立法合作的主要方式。在美国，州际协定规定成立相应的机构来负责实施，其实施机构的法律地位、组织和运行由法律规定。④ 欧盟一体化过程中各成员国之间的联合立法，不仅通过共同签订条约的方式进行，更多的是通过成立超国家的机构并赋予各机构以立法权来协调各成员国的立法。⑤ 随着我国区域法治化进程的发展，区域立法合作必将更为频繁、合作程度更为深入，通过

---

① ［奥］凯尔森：《法与国家的一般理论》，沈宗灵译，中国大百科全书出版社1996年版，第32页。

② 同上。

③ 同上书，第33页。

④ 叶必丰等：《行政协议：区域政府间合作机制研究》，法律出版社2010年版，第19页。

⑤ 参见刘秀文等《欧洲联盟政策及政策过程研究》，法律出版社2003年版，第104页。

立法机构一体化的方式促进区域合作是未来可以选择的路径之一。只是在当前的宪政体制下，至少有以下问题需要解决。一是立法机构一体化的依据问题。区域内的各地方人民代表大会及其常委会之间进行的协作立法，当前虽然没有明确的法律依据，但也没有突破现有的立法体制。如果要选择立法机构一体化的路径，必须将区域协作立法写入《宪法》或者《立法法》。二是区域一体化立法机构所制定规则的效力位阶问题。将区域立法作为我国的法律渊源，可以促进区域立法的良性发展。从效力上说，如果是同样的主体进行立法，那么区域性立法的效力应当高于合作各方的地方立法。如果是将不同主体的立法进行比较，还要考虑立法主体的地位、规范的性质等因素。最好是由《宪法》或《立法法》在授权区域立法的同时，对区域立法的效力予以规定。三是区域合作立法的审查监督问题。对于地方人民代表大会及其常委会的合作立法，应由其上一级人民代表大会常务委员会负责审查、批准。那么，跨行政区的地方人大及其常委会的联合立法，从理论上说应当由全国人大及其常委会进行审查、批准。当然，其审批程序也需要《宪法》或《立法法》一并予以规定。

（二）契约意义上的区域立法合作

区域立法合作是订立公法意义上的契约的行为，认识到这一点，对于完善区域立法合作机制具有重要意义。正如凯尔森所指出的，契约的成立与效力不是同一回事。第一，契约的成立取决于当事人的意志。"为了要成立一个'有约束力的契约'，两个人就一定要表示他们的协议，即他们关于某种相互行为的一致意图或意志。契约是双方缔约当事人的意志的产物。"① 第二，契约的效力并不以当事人的意志为转移。"即使在后来当事人一方改变他的意志而不再想要他在缔约时表示想要的东西时，这个契约还是被假定生效的。因此，契约就使这一方承担了违反其真实意志的义务，所以约束力不在于双方当事人的'意志'。"② 对于契约的这两点认识，直接影响到区域立法合作机制完善的路径选择。

1. 区域立法合作过程中示范文本的作用

区域立法合作中，"可能会出现某一地方表决通过法案而另一地方权

---

① ［奥］凯尔森：《法与国家的一般理论》，沈宗灵译，中国大百科全书出版社 1996 年版，第 34 页。

② 同上。

力机关表决没通过的问题，达不到立法协调的目的，或各地方都对法案的条款进行了重大修改以至于违背了共同制定地方性法规的初衷……"① 因此，有学者建议在区域立法中采用示范文本。②

从《酉水河保护条例》的合作过程看，并没有一个示范文本可以参考，提交第一次立法联席会议讨论的草案与提交第二次立法联席会议的草案在内容上差异较大，而且草案从最初的统一文本变成两个不同文本，合作双方利益分歧很大，立法合作是一个复杂的利益博弈过程。③ 但是，最终合作各方以"求大同、存小异"为原则，通过充分协商，在跨行政区域协调保护机制这个核心问题上达成共识。尽管由于两地实际情况的差异，文本某些条款规定不一致，但是核心问题达成共识，立法合作的目标就已经实现。

对于学者建议的示范文本，笔者认为在区域合作立法中优越性并不明显。示范文本主要用于两种情形。一是由于法律的起草周期比较长，便可以考虑先采取示范法的方式，让各地针对自身的实际情况先行立法。例如1999年初，司法部法律援助中心起草了《中华人民共和国法律援助示范法（草案）》，旨在推动地方立法。二是在各地差异性较大的情况下可适用。例如我国香港、澳门、台湾与大陆四个法域彼此之间的差异较大，甚至还存在着某些现阶段不易调和的矛盾，可以共同拟定一个示范法。④ 我国现阶段的区域立法合作，既不是国家层面主导的立法合作，也不是地方层面可以自主决定的立法合作。一方面要在国家法制统一的前提下进行，不能违反上位法规定，可以说，上位法即起到了示范法的作用；另一方面要在合作各方自愿协商的基础上进行，"强扭的瓜不甜"，即使采用示范文本，由于合作各方的利益并不完全一致，在立法过程中必定要对示范性文本进行修改，同样也可能出现对条款进行重大修改以致违背合作立法初

---

① 王春业：《区域合作背景下地方联合立法研究》，中国经济出版社2014年版，第145页。

② 相关研究参见王春业《区域合作背景下地方联合立法研究》，中国经济出版社2014年版，第145页。

③ 2015年，恩施自治州人大常委会将《酉水河保护条例》草案委托给湖北民族学院法学院起草，笔者是起草组成员之一。需要指出的是，《酉水河保护条例》的内容以湖北省人大常委会批准的版本为准，本书对立法合作过程中公开征求意见的几个版本进行对照，目的是考察合作各方利益冲突的焦点所在。

④ 参见翁国民、曹慧敏《论示范法在中国的应用》，《浙江大学学报》（人文社会科学版）2006年第4期。

衷的情况。因此,是否采用示范文本不是合作立法能否成功的关键,关键在于合作各方能够充分表达和沟通,形成合意。

2. 对区域立法合作决议的履行

契约的效力并不以当事人的意志为转移,契约应当履行:一方面是缔约各方主动履行;另一方面是不履行契约的一方要承担责任。从理论上说,区域立法合作越是经过双方充分的协商,双方越容易遵守。但是实践中利益关系复杂多变,合作各方极有可能出现违约的情况。从区域合作立法的契约性出发,可以从以下几个方面促进其履行。

首先,充分考虑区域协作立法决议的契约属性,在订立区域立法协作决议的过程中事先约定争议的解决方式,可以更好地促进合作各方协商解决争议。

其次,事先没有约定争议的解决方式,可以参照立法的批准程序,向共同的上级权力机关申请裁决。由于我国没有建立起公权力主体之间权限争议的司法解决机制或者第三方争议解决机制,实践中,争议产生后都是向更上一级的权力主体寻求解决。因此,区域立法合作过程中产生的争议可以向共同的上级权力机关申请裁决。

最后,从构建规范、长效的区域立法合作争议解决机制的角度考虑,美国州际协定的争议解决方式可以借鉴。"在美国主要有两种途径:一是仲裁或调解等 ADR 手段,即由协定双方以及他们同意或选出第三个人组成仲裁委员会或调解委员会来处理争端等;二是司法途径,即成员方之间由协定的解释、实施或者权利义务的确认等引起的纠纷通常都在美国联邦最高法院进行诉讼。"[①] 当然,两国法律对公权力的配置状况不同,当前我国法院对于公权力主体之间的权限争议没有管辖权。如何构建我国的公权力主体之间争议的仲裁、调解机制,或者改革行政诉讼制度,将行政机关之间的权限争议纳入司法审查的范围,都是值得进一步研究的问题。

总的来说,《西水河保护条例》是我国区域立法合作的一次成功探索,同时也对区域立法合作的进一步发展提出了问题。区域立法合作决议既有规范属性,又有契约属性。区域立法合作是在合作各方自愿协商的基础上达成的共识,如果合作各方不履行协商结果,在没有事先约定争议的解决方式的前提下,目前只能向共同的上级权力机关申请裁决。要建立起

---

① 叶必丰等:《行政协议:区域政府间合作机制研究》,法律出版社 2010 年版,第 192 页。

规范、长效的区域立法合作争议解决机制或者一体化的区域立法机构，不是一朝一夕的事。要解决当前区域立法合作的效力问题，合作各方不能仅仅寄希望于事后的争议解决机制，还应当在立法合作过程中注重利益的充分表达和协商。区域立法的协商过程就是一个区域公共政策的形成过程，合作各方越是能够对自己的利益诉求进行充分的表达和协商，就越是能够减少履行过程中的利益冲突，促进区域立法合作的良性发展。

结　束　语

　　经济区与行政区的冲突是区域之间开展合作的前提，从我国区域发展实践看，区域发展目标主要包括两个方面：一是区域经济的一体化发展，自由大市场形成，资源配置实现最优化；二是区域内公共事务的一体化治理，提高公共事务的解决效率。因此，本书对于区域合作过程中地方利益协调机制的探讨主要围绕上述两个目标展开。

　　地方政府是地方利益的代言人，从地方利益冲突的成因上分析，区域内合作各地方政府无法摆脱传统的行政区域治理模式的影响，是导致地方利益冲突的主观因素。区域内合作各方经济发展水平、历史文化传统、自然地理环境等因素，是导致地方利益冲突的客观因素。区域行政规划、区域行政指导、区域行政协议、区域协作立法等构成区域合作中地方利益协调的主要规则体系。我国经济一体化区域的法治建设与其他区域有着共同的前提，即都要在现行宪法所确立的国家结构形式、中央与地方关系的框架之下构建区域合作秩序。人民主权、权力分立与制约、基本人权以及法治原则应当贯穿于区域合作的始终。区域合作过程中，无论规则体系还是相应组织机构的构建，都要遵循法治原则。而实践中一个比较突出的问题就是，区域利益协调机制既可能表现为规范的性质，又可能表现为公法契约的性质，立法者对其性质的不同认识与定位，会导致不同的协调机制之构建。

　　武陵山片区龙凤经济协作示范区这样的少数民族经济协作区，属于国家扶贫开发协作区，市场体系极不完善，政府这只"看得见的手"在资源的配置中起到重要作用。同时，龙凤示范区又属于民族自治地方，在区域合作过程中，涉及行政区划调整、区域立法权的行使时都存在特殊性。例如协作双方过于"同质化"，合作动力不足，利益争夺频繁。协作措施容易触及我国的民族区域自治制度。从地方利益协调机制上看，既包括上级政府对武陵山龙凤示范区的利益协调机制，又包括龙凤示范区内部的利益协调机制；龙凤示范区内部的利益协调机制又包括县级政府、乡级政府和村与村之间的利益协调机制。对上述利益协调机制的深入探析，可以为多元化地方利益协调机制的构建带来启示。《酉水河保护条例》的制定是区域立法合作的一次成功探索，虽未突破现行的立法体制，但是也揭示出区域合作，尤其是区域立法合作在进一步发展过程中将会面临的问题。

参 考 文 献

一 专著类

1. ［美］R. 哈特向：《地理学性质的透视》，黎樵译，商务印书馆 1981 年版。

2. ［美］埃德加·M. 胡佛、弗兰克杰莱塔尼：《区域经济学导论》，王翼龙译，上海远东出版社 1992 年版。

3. ［美］艾莉诺·奥斯特罗姆：《制度激励与可持续发展》，陈幽泓译，上海三联书店 2000 年版。

4. ［美］曼昆：《经济学原理》，梁小民译，三联书店、北京大学出版社 2001 年版。

5. ［美］乔治·萨拜因：《政治学说史》（下卷），［美］托马斯索尔森修订，邓正来译，上海人民出版社 2010 年版。

6. ［英］霍布斯：《利维坦》，黎思复、黎廷弼译，杨昌裕校，商务印书馆 1985 年版。

7. ［英］J. S. 密尔：《代议制政府》，汪瑄译，商务印书馆 1981 年版。

8. ［美］汉密尔顿、杰依、麦迪逊：《联邦党人文集》，程逢如等译，商务印书馆 1980 年版。

9. ［英］约翰·洛克：《政府论两篇》，赵伯英译，来鲁宁校，陕西人民出版社 2004 年版。

10. ［古希腊］亚里士多德：《政治学》，吴寿彭译，商务印书馆 1965 年版。

11. ［美］克利福德·吉尔兹主编：《地方性知识：阐释人类学论文集》，王海龙、张家瑄译，中央编译出版社 2004 年版。

12. ［英］H. L. A. 哈特：《法律的概念》，许家馨、李冠宜译，法律出版社 2006 年版。

13. ［美］保罗·萨缪尔森、威廉·诺德豪斯：《经济学》（第 18 版），萧琛主译，人民邮电出版社 2011 年版。

14. ［法］孟德斯鸠：《论法的精神》（上册），张雁深译，商务印书馆 1959 年版。

15. ［英］亚当·斯密：《国民财富的性质和原因的研究》，郭大力、王亚 南译，商务印书馆 1974 年版。

16. ［日］盐野宏：《行政法》，杨建顺译，姜明安审校，法律出版社 1999 年版。

17. ［奥］凯尔森：《法与国家的一般理论》，沈宗灵译，中国大百科全书 出版社 1996 年版。

18. ［德］马克思·韦伯：《论经济与社会中的法律》，张乃根译，中国大 百科全书出版社 1998 年版。

19. ［德］弗里德里希·冯·哈耶克：《法律、立法与自由》，邓正来译， 中国大百科全书出版社 2000 年版。

20. ［德］弗里德里希·冯·哈耶克：《自由宪章》，杨玉生译，中国社会 科学出版社 1999 年版。

21. ［美］E. 博登海默：《法理学——法哲学及其方法》，邓正来译，华 夏出版社 1987 年版。

22. ［美］L. 亨金：《权利时代》，信春鹰译，知识出版社 1997 年版。

23. ［德］拉德布鲁赫：《法学导论》，米健译，中国大百科全书出版社 1997 年版。

24. ［德］汉斯·J. 沃尔夫：《行政法》，高家伟译，商务印书馆 2002 年版。

25. ［法］莱昂·狄冀：《公法的变迁：法律与国家》，郑戈等译，辽海出 版社、春风文艺出版社 1999 年版。

26. ［法］莱昂·狄冀：《宪法论》（第一卷），钱克新译，商务印书馆 1962 年版。

27. ［美］罗·庞德：《通过法律的社会控制：法律的任务》，沈宗灵等 译，商务印书馆 1984 年版。

28. ［美］A. J. M. 米尔恩：《人的权利与人的多样性——人权哲学》，夏勇 等译，中国大百科全书出版社 1995 年版。

29. ［美］边沁：《政府片论》，沈叔平等译，商务印书馆 1995 年版。

30. ［美］约瑟夫·F. 齐默尔曼：《州际合作——协定与行政协议》，王 诚译，法律出版社 2013 年版。

31. ［奥］埃利希：《法社会学原理》，舒国滢译，中国大百科全书出版社 2009 年版。

32. ［德］卡尔·施米特：《宪法学说》，刘锋译，上海人民出版社 2005 年版。

33. 《列宁全集》第 12 卷，人民出版社 1987 年版。

34. 何渊：《区域性行政协议研究》，法律出版社 2009 年版。

35. 张文显：《二十世纪西方法哲学思潮研究》，法律出版社 1996 年版。

36. 朱荣：《法治建设与区域经济发展研究》，西南财经大学出版社 2007 年版。

37. 陈瑞莲等：《区域公共管理理论与实践研究》，中国社会科学出版社 2008 年版。

38. 王春业：《我国经济区域法制一体化研究》，人民出版社 2010 年版。

39. 中国经济年鉴编辑委员会编：《中国经济年鉴 1981 年》，北京经济管理杂志社 1981 年版。

40. 汪伟全：《区域经济圈内地方利益冲突与协调——以长三角为例》，上海人民出版社 2011 年版。

41. 汪伟全：《地方政府竞争秩序的治理：基于消极竞争行为的研究》，上海人民出版社 2009 年版。

42. 刘志彪等：《长三角区域经济一体化》，中国人民大学出版社 2010 年版。

43. 张宏安：《大都市圈与区域经济一体化——兼论长江三角洲区域经济一体化》，上海财经大学出版社 2006 年版。

44. 管跃庆：《地方利益论》，复旦大学出版社 2006 年版。

45. 林尚立：《国内政府间关系》，浙江人民出版社 1998 年版。

46. 彭彦强：《中国地方政府合作研究——基于行政权力分析的视角》，中央编译出版社 2013 年版。

47. 当代上海研究所编：《长江三角洲发展报告：区域发展态势和新思路》，上海人民出版社 2011 年版。

48. 吕忠梅等：《长江流域水资源保护立法研究》，武汉大学出版社 2006 年版。

49. 王春业：《区域合作背景下地方联合立法研究》，中国经济出版社 2014 年版。

50. 公丕祥主编：《变革时代的区域法治发展》，法律出版社 2014 年版。

51. 丁同民、李宏伟、王运慧：《法治区域构建论——中原经济区法治建设研究》，黑龙江人民出版社 2011 年版。

52. 张千帆：《国家主权与地方自治——中央与地方关系法治化》，中国民主法制出版社 2012 年版。

53. 张千帆：《权利平等与地方差异》，中国民主法制出版社 2011 年版。

54. 童之伟：《国家结构形式论》，武汉大学出版社 1997 年版。

55. 魏红英：《宪政架构下的地方政府模式研究》，中国社会科学出版社 2004 年版。

56. 白桂梅：《人权法学》，北京大学出版社 2011 年版。

57. 罗豪才等：《软法与公共治理》，北京大学出版社 2006 年版。

58. 叶必丰等：《行政协议：区域政府间合作机制研究》，法律出版社 2010 年版。

59. 姜明安：《行政法与行政诉讼法》，北京大学出版社、高等教育出版社 2011 年版。

60. 翁岳生：《行政法》（上），中国法制出版社 2002 年版。

61. 史德保主编：《长三角法学论坛——长三角区域法制协调中的地方立法》，上海人民出版社 2008 年版。

62. 刘秀文、埃米尔·J. 科什纳等：《欧洲联盟政策及政策制定过程研究》，法律出版社 2003 年版。

63. 中华人民共和国最高人民法院行政审判庭编：《中国行政审判指导案例》，中国法制出版社 2010 年版。

64. 王名扬：《法国行政法》，中国政法大学出版社 1988 年版。

65. 胡晓红等：《我国跨区域水环境保护法律制度研究》，法律出版社 2012 年版。

66. 罗峰：《区域一体化中的政府与治理：对武汉城市圈的实证研究》，中国社会出版社 2012 年版。

67. 周振超：《当代中国政府"条块关系"研究》，天津人民出版社 2009 年版。

68. 郑鹏程：《对政府规制的规制——市场统一法律制度研究》，法律出版社 2012 年版。

69. 张紧跟：《当代中国政府间关系导论》，社会科学文献出版社 2009

年版。

70. 侯景新、蒲善新、肖金成：《行政区划与区域管理》，中国人民大学出版社 2006 年版。

71. 冯兴元：《地方政府竞争：理论范式、分析框架与实证研究》，译林出版社 2010 年版。

72. 叶必丰、何渊主编：《区域合作协议汇编》，法律出版社 2011 年版。

73. 叶必丰：《行政行为效力研究》，中国人民大学出版社 2002 年版。

74. 卢瑾：《西方参与式民主理论发展研究》，人民出版社 2013 年版。

75. 刘莘主编：《区域法治化评价体系与标准研究》，中国政法大学出版社 2013 年版。

76. 江必新、邵长茂：《新行政诉讼法修改条文理解与适用》，中国法制出版社 2016 年版。

二 论文类

77. 胡乔木：《按照经济规律办事，加快实现四个现代化》，载中国经济年鉴编辑委员会编《中国经济年鉴 1981 年》，北京经济管理杂志社 1981 年版。

78. 陈剩勇、马斌：《区域间政府合作：区域经济一体化的路径选择》，《政治学研究》2004 年第 1 期。

79. 石佑启、黄新波：《珠三角一体化的政策法律冲突及其协调》，《广东行政学院学报》2011 年第 3 期。

80. 叶必丰：《区域经济一体化的法律治理》，《中国社会科学》2012 年第 8 期。

81. 叶必丰：《区域合作协议的法律效力》，《法学家》2014 年第 6 期。

82. 叶必丰：《区域合作的现有法律依据研究》，《现代法学》2016 年第 2 期。

83. 张文显：《变革时代区域法治发展的基本共识》，载公丕祥主编《变革时代的区域法治发展》，法律出版社 2014 年版。

84. 公丕祥：《区域法治发展的概念意义———一种法哲学方法论上的初步分析》，载公丕祥主编《变革时代的区域法治发展》，法律出版社 2014 年版。

85. 姜涛：《区域法治：一个初步的理论探讨》，载公丕祥主编《变革时代的区域法治发展》，法律出版社 2014 年版。

86. 夏锦文：《区域法治发展的基础理论研究架构》，载公丕祥主编《变革时代的区域法治发展》，法律出版社 2014 年版。

87. 蔡宗珍：《国民主权与宪政国家之理论结构》，《月旦法学杂志》1997 年第 1 期。

88. 王汉斌：《彭真同志对我国社会主义民主与法制建设的卓越贡献》，《民主与法制》1997 年第 22 期。

89. 陈丹：《我国区域法制协调发展的若干宪法问题思考》，《云南大学学报》2008 年第 4 期。

90. 蔡茂寅：《地方自治立法权的界限》，载台湾行政法学会学术研讨会论文集（1999），元照出版有限公司 2001 年版。

91. 公丕祥：《区域法治发展与文化传统》，《法律科学》2014 年第 5 期。

92. 沈岿：《为什么是软法而不是民间法》，《人民法治》2016 年第 2 期。

93. 陈锋：《非法定规划的现状与走势》，《城市规划》2005 年第 11 期。

94. 李煜兴：《我国区域行政规划合法性的拷问与释答》，《法学论坛》2010 年第 1 期。

95. 李煜兴：《区域一体化背景下区域规划机制的法学反思》，《广西社会科学》2009 年第 9 期。

96. 李煜兴：《我国区域规划法治化的途径与机制研究》，《河北法学》2009 年第 10 期。

97. 何渊：《泛珠三角地区政府间协议的法学分析》，《广西经济管理干部学院学报》2006 年第 1 期。

98. 何渊：《试论美国宪法中的"协定条款"及对我国的启示》，《中国地质大学学报》（社会科学版）2007 年第 1 期。

99. 何渊：《地方政府间关系——被遗忘的国家结构形式维度》，《宁波广播电视大学学报》2006 年第 2 期。

100. 何渊：《州际协定——美国的政府间协调机制》，《国家行政学院学报》2006 年第 2 期。

101. 叶必丰：《我国区域经济一体化背景下的行政协议》，《法学研究》2006 年第 2 期。

102. 王腊生：《地方立法协作重大问题探讨》，《法治论丛》2008 年第 3 期。

103. 王春业：《区域行政立法模式——长三角一体化协调的路径选择》，载史德保主编《长三角法学论坛——长三角区域法制协调中的地方立法》，上海人民出版社 2008 年版。

104. 任宗哲、宫欣旺：《组织化：区域地方政府协调发展的一种路径——以乌昌经济一体化与西咸经济一体化比较为例》，《西北大学学报》（哲学社会科学版）2008 年第 2 期。

105. 樊禄萍：《准区际法律问题》，载叶必丰主编《长三角法学论坛——论长三角法制协调》，上海人民出版社 2008 年版。

106.［德］贝娅特·科勒－科赫：《社会进程视角下的欧洲区域一体化分析》，《南开学报》2005 年第 1 期。

107. 方世荣、王春业：《经济一体化与地方行政立法变革——区域行政立法模式前瞻》，《行政法学研究》2008 年第 3 期。

108. 韦以明、周毅：《区域合作经济的国家立法回应——以泛珠三角区域合作为主例》，《学术论坛》2006 年第 10 期。

109. 宣文俊：《关于长三角洲地区经济发展中的法律问题的思考》，《社会科学》2005 年第 1 期。

110. 王子正：《东北地区立法协调机制研究》，《东北财经大学学报》2008 年第 1 期。

111. 冉艳辉：《武陵山片区区域协作的利益协调机制研究——以武陵山龙凤经济协作示范区为例》，《中南民族大学学报》（人文社会科学版）2015 年第 3 期。

112. 戴小明、黄元姗：《论城市化与自治州的未来发展》，《贵州民族研究》2012 年第 1 期。

113. 解佑贤、胡祥华、田孟清：《"强县扩权"、财政"省直管县"之下的自治州地位问题研究》，《黑龙江民族丛刊》2012 年第 3 期。

114. 丁莞歆：《中国水污染事件纪实》，《环境保护》2007 年第 14 期。

115. 翁国民、曹慧敏：《论示范法在中国的应用》，《浙江大学学报》（人文社会科学版）2006 年第 4 期。

116. 张紧跟、唐玉亮：《流域治理中的政府间环境协作机制研究——以小东江治理为例》，《公共管理学院》2007 年第 3 期。

117. 秦前红：《简评宪法文本关于中央与地方关系的制度安排》，《河南省政法管理干部学院学报》2007 年第 6 期。

118. 石佑启：《论区域合作与软法治理》，《学术研究》2011 年第 6 期。

119. 汪伟全：《长三角经济圈地方利益冲突协调机制研究：基于政府间关系的分析》，《求实》2008 年第 9 期。

120. 汪伟全：《长三角区域经济圈内地方利益冲突的现状调查与对策研究》；《华东经济管理》2010 年第 12 期。

121. 吕忠梅：《水污染纠纷处理主管问题研究》；《甘肃社会科学》2009 年第 3 期。

122. 秦旭东：《乌昌党委导演乌鲁木齐—昌吉一体化》，《21 世纪经济报道》2005 年 10 月 8 日。

123. 童大焕：《环境污染与政府间博弈》，《南方周末》2002 年 8 月 8 日。

124. 钱昊平：《东北三省横向协作立法　能否一法通三省受关注》，《新京报》2006 年 8 月 4 日。

125. 付文、侯琳良：《两个国家级贫困县两年来抱团取暖 "龙凤" 能否呈祥》，《人民日报》2013 年 10 月 30 日。

126. 杨月兰：《一体化背景下长三角土地一体化研究》，硕士学位论文，南京农业大学，2008 年。

127. 杨丙红：《我国区域规划法律制度研究》，博士学位论文，安徽大学，2013 年。

三　英文类

128. Balassa, B., *The Theory & Economic Intergration*, London：Allen & Unwin, 1962, p. 10.

129. H. W. R. Wade. *Administrative Law*, New York：Oxford University Press, 1988.

130. Tobin v. United States. 306 F. 2nd 270 at 2724, D. C. Cir （1962）.

131. Steel Corp. v. Multistate Tax Commission. 434 U. S. 452 （1978）.

132. F. Zimmerman, *Interstate Cooperation：Compact and Administrative Agreements*, Westport CT：Greenwood Press, （2002）.

133. Dye, T. R., 1990：*American Federalism. Competition Among Governments*. Massachusetts/Toyonto：Lexington Books.

附录一 武陵山龙山来凤经济协作示范区 历次工作联席会议纪要

关于武陵山经济协作区龙凤先行区合作 共建相关事宜的会议纪要

2010年9月28日，湖南省龙山县和湖北省来凤县两县县长在龙山县主持召开会议，专题研究武陵山经济协作区龙凤先行区合作共建相关事宜，两县相关领导和单位负责人参加了会议。现就议定事项纪要如下。

会议认为，推动龙凤经济一体化发展战略，实现两县经济社会共同进步、发展和繁荣，既是两县加快发展的需要，也是两县人民多年的期盼。目前，国家正在组织专家编制武陵山经济协作区建设规划，这为龙来两县经济一体化发展带来了千载难逢的机遇，两县应紧紧抓住这一历史契机，精诚合作，积极探索两县经济社会发展共谋、资源共享、基础设施共建、市场共利、平安共创、生态共治等经济社会发展协作新机制，实现两县经济社会跨越式发展。

经过认真讨论和友好协商，两县就下一步推进龙凤先行区合作共建相关事宜达成以下共识：一是把龙凤先行区的申报工作作为两县政府当前工作的重点，组织精干人员全力争取，一定要使龙凤先行区进入国家武陵山经济协作区建设规划；二是协力推进龙凤城乡经济一体化，两县共同规划打造城区面积60平方公里、人口60万的中等规模城市，重点在城区建设规划、酉水河综合治理规划和重大基础设施对接上搞好衔接工作；三是统一规划两县产业布局。充分利用两县特色资源，合理布局，做大做强优势产业，重点是生态、民族文化和旅游产业的规划建设；四是共同保护和治理酉水河。禁止在酉水两岸违规建房，禁止在酉水河内毒鱼、炸鱼、取沙，禁止向酉水河流域直排污水及倾倒污染物；五是保护两县生态资源，维护良好生态环境；六是做好两县之间"十二五"规划及其他专项规划的对接；七是推进既有的各项协作；八是建立定期的协商机制，每季度召开一次副县级以上领导协商会议；九是共同发展两县社会事业，在教育、卫生、文化等多领域形成资源共享；十是两县人大、政协就龙凤先行区的规划建设积极开展调研和呼吁，宣传部门对龙凤先行区开展多形式的宣传活动，创造两县和谐共进的舆论氛围。以上共识由两县相关部门制定相应管理办法，并由两县人民政府颁布实施。会议决定：成立领导机构。成立由两县县长任组长、常务副县长为常务副组长，相关县领导为副组长，两县政府办、发改局、交通局、建设（住建）局、财政局、教育局、卫生局、文化（文体）局、旅游局、国土局、农业局、林业局、水利（水利水产）局、商务局、经济（经信）局、环保局、扶贫办、民政局、民族事务（民宗）局、规划局、人民银行、行政学校等部门主要负责人为成员的龙凤先行区合作共建领导小组，领导小组下设办公室，办公室设两县发改局。

一、组建工作班子，两县政府办、发改局、行政学校各明确一名分管负责人为领导小组办公室正副主任，负责龙凤先行区合作共建具体工作，工作人员由两县从各自相关部门抽调。

二、加快申报工作。工作班子按要求做好申报材料准备工作，并于近期各自赴本省发改委汇报衔接，尽快拿到两省发改委向国家发改委上报的关于请求设立龙凤先行区的请示文件。

四、启动规划编制工作。由领导小组办公室协商研究聘请具有国家甲级资质的中介机构编制龙凤先行区的规划研究报告，并视其工作进展，适时开展龙凤先行区建设规划编制工作。

五、保障工作经费。为确保龙凤先行区申报筹建各项工作顺利推进，由两县人民政府共同筹集申报筹建等相关费用，所需费用按比例分摊。前期两县各出资100万元分别设立龙凤共建专项工作基金，由两县专抓领导把关审批，专项用于龙凤先行区申报相关工作。未尽事宜待下次进一步研究商定。

2010 年 9 月 28 日

武陵山龙山来凤经济协作示范区第二次
工作联席会议纪要

　　2011 年 2 月 10 日下午，武陵山龙山来凤经济协作示范区（以下简称"龙凤示范区"）第二次工作联席会议在龙山县召开，会议由龙山县委常委、政法委书记梁高武主持，来龙两县县长、县委常委、常务副县长和分管城建、交通、旅游、文教卫的县领导以及相关单位共 60 余人参加了会议，会议通报了龙凤先行区申报情况，审议了《龙凤先行区实施方案（纲要）》，讨论了《配合专家编制龙凤先行区总体规划的协作方案》。现就议定事项纪要如下。

　　会议认为，湖北省最西南的来凤县、湖南省最西北的龙山县均位于武陵山区腹地，共处湘、鄂、渝三省市交界之地，是全国县城间毗邻最近、区位条件最为独特的两个县，素有"一脚踏三省"之称。两县历来交往频繁，经贸人文的交流与合作十分活跃，探索积累了不少区域协作的经验，成为武陵山经济协作区内现有的一个区域经济协作的典范和缩影。因此，为加快武陵山经济协作区经济社会发展步伐，在武陵山经济协作区内规划建设一个来凤、龙山经济协作发展先行区——龙凤先行区具有十分重要的意义。

　　会议强调，武陵山经济协作区地处我国中心部位，是中国跨省交界面积最大、人口最多的少数民族聚集区，也是全国十八大集中连片贫困地区之一，是国家西部大开发和中部崛起战略承接带。

　　可以预见，没有武陵山经济协作区的发展，就没有全国经济的协调发展。而龙凤先行区处于武陵山经济协作区的中心腹地，是区域内最容易也已经被边缘化的贫困地区，同样可以预见，没有龙凤先行区的发展，就难以统筹协调武陵山区的全面发展。规划建设龙凤先行区，有利于为武陵山经济协作区的建设探索经验和模式，有利于加速构建武陵山区新的经济增长极，有利于把龙山、来凤的资源和后发优势转化为经济优势。经过认真讨论，会议对提交的两个方案达成共识。

　　关于龙凤先行区实施方案（纲要）

　　原则同意《龙凤先行区实施方案（纲要）》，同意龙凤先行区"三同三新六个一体"的基本建设思路，按照"坚持开放开发，做强产业；坚持全域规划，组团发展；坚持基础先行，城乡互动；坚持以人为本，民生至上；坚持先行先试，改革创新"的原则，在龙来两县建设一个城区面积 60 平方公里，城区人口 60 万人的边区中心城市。

关于配合专家编制龙凤先行区总体规划的协作方案

原则同意《配合专家编制龙凤先行区总体规划的协作方案》。全力配合北京交通大学专家编制武陵山经济协作区龙凤先行区建设总体规划，进一步确立和突出龙凤先行区在武陵山经济协作区内核心区、先行区地位，最终实现抱团发展、率先发展的目标。

2011 年 2 月 10 日

中共龙山县委中共来凤县委武陵山龙山来凤经济
协作示范区第三次工作联席会议纪要
（2012 年 3 月 25 日）

2012 年 3 月 25 日上午，龙山来凤两县在来凤宾馆二楼会议室召开了武陵山龙山来凤经济协作示范区第三次联席会议。来凤县委书记胡泽，县委副书记、县长向军，县委副书记杨天龙，龙山县委书记张才金，县人大常委会主任吴国荣，县政协主席彭大旺等两县四大家领导出席会议。会议由来凤县委书记胡泽主持。会议审议了《中共龙山县委、中共来凤县委关于加快推进龙山来凤经济协作示范区建设的决定》等 5 个文件，示范区下步推进工作达成了共识。纪要如下。

一、会议审议并通过了战略规划等 5 个相关文件

一是关于《中共龙山县委、中共来凤县委关于加快推进龙山来凤经济协作示范区建设的决定》。《决定》的出台是有利于统一两县的思想，有利于争取国家、省的支持和规范两县的发展，也是为了更好地落实《武陵山区域发展与扶贫攻坚规划》。会议同意原则通过。两县示范办对《决定》中的指标体系、城市定位、城市风格和发展重点等内容进行修改后提交两县县委办、政府办按程序行文，力争 4 月 1 日前出台正式文件。

二是《武陵山龙山来凤经济协作示范区 2012 年工作要点》。会议原则通过。关于《龙凤示范区战略规划》的批复定位于两省发改委；应尽快启动 10 个专项规划编制，具体工作由两县分管的县领导牵头，相关部门实施。

三是《关于推进龙山来凤经济协作示范区发展合作框架协议》。两县示范办进一步修改后提请两县政府常务会讨论。

四是《湘鄂两省关于支持武陵山龙凤经济协作示范区建设的若干意见》。两县示范办进一步修改后提请两县政府常务会讨论。

五是《龙凤示范区战略规划》及两县人民政府的批复草案。两县示范办加强与北京交通大学联系，按元月十八日北京评审会上专家提出的意见，结合征求两县各方面意见作进一步修改，定稿后交两县政府常务会审议批复，再提请两县人大常委会颁布实施。

二、会议决定聘请龙凤示范区专家顾问团

会议确定聘请龙凤示范区专家顾问团5人，其中北京定3人，湘鄂两省各定1人，在北京定1名首席顾问，由首席顾问提出名单，与龙来两县协商后确定其他顾问团人员，两县示范办近期到北京去联系，确定后由两县领导出面聘请，颁发聘请证书。

三、会议确定了4月1日湖南省发改委主任来龙凤示范区现场办公和湖北省委、省政府领导来龙凤示范区现场办公的有关筹备工作。

确定了龙凤示范区重点推进工程。会议围绕铁路、两县经济循环路、酉水流域观光带、湘鄂情大桥等确定一批龙凤示范区重点工程；仙佛寺景区开发项目、喳西泰水城开发项目、民族文化中心建设项目、全民健身中心建设项目、武汉大道三期建设项目、年产300万套服装加工项目、2万平方米标准化厂房建设项目、龙凤夏威夷五星级酒店建设、凤凰传奇综合体建设项目、黔张常铁路、湘鄂情大桥二期工程、酉水河治理、两县绕城线对接工程、落水洞电站、吉恩高速、龙凤产业园基础设施建设、龙凤里耶景点圈建设、龙凤职教中心、龙凤烟业生产点、加气站及储气调峰站项目。

四、会议确定了龙凤示范区下一步工作

1. 共同做好4月1日迎接湖南省发改委主任来龙凤示范区现场办公，以及湖北省领导来龙凤示范区现场办公的筹备工作，布置好现场，做好工作衔接。

2. 把争取两省省级层面政策和项目支持作为当前工作的重中之重。

3. 把产业发展作为示范区建设的重点予以推进，确定龙凤示范区发展的主导产业。

4. 抓紧将以上文件修改完善后，出台正式文件，两县积极向上级呈报，并共同遵守，共同实施。

5. 以项目带动龙凤示范区的建设，在近期启动一批协作共建项目。

6. 抓好对外宣传工作。

武陵山龙山来凤经济协作示范区第四次工作联席会议纪要

7月23日下午，武陵山龙山来凤经济协作示范区（以下简称龙凤示范区）第四次工作联席会议在龙山县召开，会议由龙山县委书记张才金主持，龙来两县四大家主要领导及相关单位共120余人参加了会议，会议审议了《龙凤示范区建设工作推进会议筹备方案》《全国少数民族团结进步示范区创建会议筹备方案》《龙凤示范区发展战略规划座谈会〔北京〕会议方案》《龙凤示范区专家顾问组组建方案》和《龙凤示范区协作共建重点工程及十大领域协作共建领域方案编制责任分工方案》，安排了龙凤示范区下一步工作。现就议定事项纪要如下。

会议认为，经过龙来两县共同努力，龙凤示范区建设已经取得设置机构，完善协作机制体制，十大重点工程和十大协作领域起步，战略规划批复，国家相关部委、两省、两州的高度重视和多家媒体的高度关注的初步成果。这一成果的取得，是两县县委、县人民政府和相关部门加强协作，勇于探索创新、努力工作的结果，是两县共同智慧的结晶。

会议强调，两县要抢抓温家宝总理在武陵山片区调研座谈会上的讲话精神机遇，加快推进黔张常铁路前期工作，力争在推进会上举行奠基或开工动员大会，加大跟踪力度，把纳入国务院办公厅交办到相关部委和省市中，相关龙凤示范区的政策和项目最大限度争取到位；要抢抓湘鄂两省发改委重点支持龙凤示范区建设的机遇，加速推进两省发改委表态支持的龙凤外环线、酉水河综合治理、龙凤经济开发区和龙凤城市连接大桥等重点工程前期工作力度，力争项目和资金尽快落地；要抢抓和深刻领会国家规划赋予龙凤示范区改革创新和一体化示范的责任和机遇，要敢于在城市建设、产业一体化、土地开发、城乡统筹和资源共享等领域大胆探索，努力实现示范带动作用和率先发展。

经过认真讨论，会议对提交的五个方案达成共识。

关于龙凤示范区建设工作推进大会

　　原则同意《武陵山龙山来凤经济协作示范区示范区建设工作推进会议筹备方案》，由两县示范办根据会议意见修改后，以两县人民政府文件行文报送两省发改委、两州人民政府审定。要采取倒逼机制，加速推进相关重点工程前期工作力度，确保如期开工。会议时间定在9月底，由两县县委办牵头，两县政府办、示范办配合，尽快制订具体的办会方案。

　　关于全国少数民族团结进步示范区创建会议

　　原则同意《全国少数民族团结进步示范区创建会议筹备方案》，由两县示范办根据会议意见修改后，以两县人民政府文件行文报送国家民委审定。会议时间定在12月底，由两县县委办牵头，两县政府办、示范办、民族（宗）局配合，制订具体的办会方案。

　　关于龙凤示范区发展战略规划座谈会〔北京〕

　　原则同意《龙凤示范区发展战略规划座谈会〔北京〕会议方案》，会议时间暂定于2012年8月19日或20日。两县示范办要明确时间节点，进行时间倒排，切实做好会议资料准备和会务工作。

　　关于龙凤示范区专家顾问组的组建

　　原则通过《龙凤示范区专家顾问组组建方案》，同意聘请曹玉书、田青、韩林飞、王会甫、顾建忠、伍新木、朱翔等7人为龙凤示范区专家核心组成员，聘请国家发改委西部司、地区司、国务院扶贫办、国家民委、农业部、科技部、国家旅游局、交通部、铁道部、中国人民银行、国家银监会、国土资源部、财政部等部委的司处负责同志13人为松散组成员，在召开北京座谈会时发放聘书。

　　关于协作共建重点工程和协作共建领域前期工作

　　一是原则同意《协作共建重点工程和协作共建领域方案编制责任分工》方案，由两县示范办根据会议意见修改后，按程序由两县人民政府联合行文。二是必须加快酉水河综合治理的前期工作，确保推进会上开工。三是两县责任领导要高度重视，相关单位要加强协作，要全面启动十大重点工程前期工作，在一体化、龙凤通信同城同网同价、龙凤金融同城、龙凤平安共建四个一体化协作领域必须尽快形成方案，加大推进力度，并正式启动实施。

　　　　　　　　　　　　　　　　　　　　　　2012年7月23日

龙凤示范区建设第五次联席工作会议纪要

2013 年 5 月 16 日上午，龙凤示范区建设第五次联席工作会议在龙山县会议中心召开，会议就 2013 年龙凤示范区建设工作要点进行了讨论，安排部署下一阶段工作。会议由龙山县县委书记彭正刚主持，来凤县县委书记胡泽、龙山县县长梁君、来凤县县长向军和两县有关领导和相关职能部门负责人参加会议。现纪要如下。

会议听取了关于龙凤示范区 2013 年工作要点的汇报。两县领导互相通报了 2012 年经济社会发展情况和 2013 年的工作思路，两县县直部门负责人就 2013 年工作要点进行了讨论，并就下步工作思路提出了意见和建议。

会议达成八点共识。一是今年的龙凤示范区建设要在去年扎实推进的基础上，着力在规划、基础设施、产业布局、重大工程等一体化建设方面取得突破性进展，加快建设一批一体化发展的标志性工程。酉水河两岸上起仙佛寺下至龙嘴峡，要编制集城市防洪、水土保持、城市道路桥梁、公园景区等多功能于一体的综合治理开发规划。仙佛寺区域两岸要编制整体景区规划并马上推进实施。华塘新区与龙凤新区要一体化规划建设。二是原则同意两县共同起草的"四大主题、四大目标、八大任务、四大措施"的 2013 年工作要点，并根据会议精神修改完成后，以两县人民政府联合行文下发。三是启动龙凤城市总体规划、经济开发区规划，原则要求两县酉水河两岸各自做的单边规划予以废除（仙佛寺景区规划除外），由两县共同在国内聘请知名设计单位按照共建一个大城市的原则进行规划和编制。邀请宣恩县共同起草《酉水河综合保护条例》，争取恩施、湘西两州人大批准实施。四是坚持力度不减、节奏不变，共同争取国家、省州的政策支持，共同争取黔张常铁路、黔张高速、吉恩铁路、龙凤通用机场等重大项目进入"十二五"中期调整规划。五是共同推进龙凤民族团结进步示范区创建工作，由两县示范办牵头，两县民族事务（民宗）局负责编制推进方案，开展推进工作，确保两县在 2014 年全国民族工作会议上再次获得"全国民族团结进步先进集体"称号。六是完善合作机制，在世界、全国范围内打造"龙凤"品牌，建设功能互补、一体发展的合作体系，共同构建品牌机制、工作联席推进机制、项目合作机制和规划约束机制。七是加大对外宣传力度，办好龙凤示范区简报，叫响"龙凤"品牌。八是两县财政各安排 500 万元专项资金用于龙凤示范区重大项目前期工作，争取重大政策，建立融资平台和一体化建设。

龙山县示范区管委会　来凤县示范办印发

2013 年 5 月 16 日

龙凤示范区建设第六次联席会议纪要

2013 年 8 月 23 日下午，龙凤示范区建设第六次联席会议在来凤县召开。会议就落实第五次联席会议精神和当前需要共同推进的几项工作进行了专题研究。两县县长及相关领导和部门负责人参加了会议。会议由来凤县委副书记、常务副县长邓波主持。会议纪要如下。

一、同意开展龙凤金融汇卡首发暨龙凤示范区支付结算一体化启动仪式，由两县政府办、示范办、人民银行抓紧做好会议议程安排及活动前期筹备。

二、加快推进三个规划的编制工作。一是尽快启动联合编制《龙凤城市建设总体规划》。成立两县县长任组长、常务副县长与分管副县长任副组长的龙凤城市建设总体规划编制工作领导小组，规划局、住建局、示范办等相关单位为成员，由两县计划局牵头负责。联合邀请北京、上海等地高水平的规划设计院，坚持无省界、无州界、无县界的无缝对接的原则共同编制，并尽快实质性地启动，对于酉水河、城市道路等重要节点无争议部分，要迅速予以确定。两县对规划编制经费予以保障。规划力争上报国务院审批。二是加快推进《酉水河保护与利用规划》。《酉水河保护与利用规划》由两县分管副县长统筹，尽快签订规划编制合同，先行完成酉水河防洪规划，并争取由长江水利委员会批复。三是适时开展《龙凤经济开发区规划》。两县分管经济开发区（工业园区）的领导牵头负责，两县经信局和经济开发区（工业园区）要先摸清国家级开发区申报程序、标准和路径，拿出具体的申报方案，坚定信心，共同争取申报国家级开发区。

三、尽快完成全国民族团结进步模范区创建和申报工作。一是此项工作由两县挂职副县长和分管民族工作的领导负责抓落实。二是两县民族事务局（民宗局）尽快完成相关基础资料，近期以两县人民政府联合行文向国家民委申报，必要时由两县县委书记、县长带队赴省进京进行专题汇报。三是适当安排资金，选择地点建设民族团结进步集中展示区。

四、原则同意调整龙凤示范区专家顾问组工作内容和方式。保持专家顾问组现有人员，按照工作重点，采取一事一议的方式，根据完成的工作情况给予相应酬劳。

原则通过龙凤公交一体化实施方案。由两县分管副县长负责抓落实。要充分征求市民的意见和建议，站台等设计要突出龙凤特色，要聘请专业机构进行高起点、高标准规划设计。要尽快启动线路、站台和站点的设计和施工，在湘鄂情大桥正式通车后，正式运营龙凤两条公交线路。

认真筹备湘鄂两省发改委联合调研龙凤示范区工作。两县发改部门要加强与两省发改委的对接，优化调研方案，精心准备汇报材料、参观现场以及请求支持的政策和项目。

同意下步联合开展的三项工作。一是以两县联合行文请求湘鄂两省、湘西恩施两州转报国家部委出台支持龙凤示范区的意见（代拟稿）。二是原则同意在北京举办龙凤示范区建设工作汇报会。重点在政策、项目上做好与国家部委的对接工作。三是共同争取挤进国家新型城镇化建设规划。

2013 年 8 月 26 日

龙凤示范区建设第七次联席会议纪要

2014 年 9 月 19 日下午，龙凤示范区建设第七次联席会议在来凤县行政中心常委会议室召开。会议就当前推进龙凤示范区建设的几项重点工作进行了专题研究。两县县委书记、县长及相关领导和部门负责人参加会议。会议由来凤县委副书记、县长向军主持。现纪要如下。

会议指出，龙凤示范区作为国家级扶贫攻坚试点，承担着为跨省区域经济协作、少数民族自治地区区域发展和扶贫攻坚提供经验和示范样本的重任，责任重大。近三年的有效推进，成果丰硕，势头强劲，实现了龙山、来凤两县 90 万人民群众、两省两州两级党委政府和国家相关部委"三个满意"。成果来之不易，值得珍惜。"十三五"是推进龙凤示范区建设关键的五年，两县要共同做好大规划、大招商、大建设，推动大发展。

会议强调，两县要在市场共建、资源共享、利益共享、产业互补、客源互流、信息互通等领域加强协作，形成良性合作，共同发展。对于目前合作中存在的问题和困难，一定要吸取此前合作上的教训，共同破解交通、城市建设等方面存在的瓶颈，要进一步修订完善规划，细化措施，抓好落实。

会议要求，两县要继续以龙凤示范区建设为契机，坚持一体化发展理念，打破行政壁垒，共同研究编制工业园、物流园、文化产业等园区规划；加快重大项目和"十三五"规划编制的对接；加强产业对接，共同打造支撑示范区发展的支柱产业；加强政策对接，联合争取上级支持政策。

会议对提交的六个议题进行审议，议定如下。

一、关于《酉水河开发与利用保护条例》的编制和报批

一是同意启动对酉水河开发与保护的立法工作，争取湘西、恩施两州人大常委会支持制定《酉水河开发与保护条例》。二是组建工作专班。成立以两县人大常委会主任为组长，分管人大常委会副主任、政府副县长任副组长的工作联络小组，提供相关工作经费保障。三是开展联合执法。两县环保、水利、国土、规划等行政部门研究启动联合执法，打击涉河违法违纪违规行为。

二、关于龙凤城区一体化规划编制工作方案

一是原则同意按照两县现有城市总体规划进行无缝对接，形成一张武陵山片区重要城市总体规划图。由两县规划委员会主任牵头负责，按照求同存异的原则，坚持水、电、气、路互联互通、互为备用，在尊重现有规划的基础上，开展中等城市过渡到大城市的修编工作。二是对于酉水河沿岸城市滨江风光带规划议定共同聘请长江勘测规划设计研究院或湖南大学设计院进行一次性规划，分期分批实施。并议定酉水河沿岸规划宽度拓展到100米，范围为上起仙佛寺，下至龙嘴峡，要把酉水河两岸打造成一张"龙凤名片"。此项工作由两县分管城建的副县长牵头，规划局、住建局具体负责。

三、关于启动国家级"龙凤新区"申报工作

一是原则同意启动国家级"龙凤新区"申报工作。二是两县示范办（示管委）组建专班，由两县副书记带队进京到国家发改委、国家民委、

国务院扶贫办、住建部汇报，去国家级新区考察学习，摸清国家政策和申报程序。二是两县示范办要充分研究国家政策，结合实际，找准切入点，从精准扶贫、综合扶贫、产业转移示范基地等进行科学定位，形成申报方案。

四、关于创建金融生态示范区

认真开展龙凤示范区金融生态示范区各项创建工作。一是两县分别成立以县政府主要领导任组长的金融生态示范区工作领导小组。二是以两县人民政府文件联合下发《龙凤示范区金融生态示范区创建工作方案》。三是同意举行龙凤示范区金融生态示范区创建工作启动仪式。具体启动工作方案由两县人民银行制定后上报两县人民政府。四是两县金融办、人民银行牵头建立联席会议制度，按季轮流召开联席会议，协调解决金融生态示范区创建工作中的问题。五是进一步加强金融生态示范区宣传工作。

五、关于共同推进撤县建市工作

原则同意共同推进龙山来凤两县撤县建市工作。鉴于湖南省的国家级贫困县政策和撤县建市政策不能同享，对龙山县撤县建市工作需要进行利弊分析，利大则开展。因此，拆县建市工作由来凤先行，龙山跟进。来凤县成立以县委书记任组长的撤县建市工作领导小组，成立工作专班，制订工作方案，明确撤县建市的工作事项和时间节点，积极争取上级民政部门支持，争取早日成功撤县建市。

六、关于制作龙凤示范区宣传片

一是原则同意制作龙凤示范区宣传片。由两县宣传部牵头负责，组建脚本写作专班，逐步积累建设过程的外景，时间段尽量拉长，不急于求成。二是在北京聘请重量级摄制组进行摄制工作，宣传片要兼具旅游宣传片功能，形成中英文对照。

附录二 龙凤示范区酉水河保护立法联席会议纪要

酉水河保护立法工作第一次联席会议纪要
（草案）

2015年9月7日至10日，酉水河保护立法工作第一次联席会议在湖北省来凤县召开，会议就制定《酉水河保护条例》（以下简称《条例》）有关问题，进行了广泛的沟通和深入的讨论，现将会议达成的共识纪要如下。

会议指出，酉水河发源于湖北省宣恩县椿木营境内七姊妹山自然保护区内的晒坪，自东北向西南流经湖北省来凤县和湖南省龙山县、永顺县、保靖县、花垣县、古丈县以及重庆市酉阳县、秀山县和贵州省松桃县，进入沅江，汇洞庭湖而入长江，全长477公里。流域人口400多万。酉水河在鄂湘渝黔四省市十县的武陵山区蜿蜒曲折，相互交错。由于酉水河地域的特殊性，还没有现存的法律法规来保护。同时，流域内行政区划分割，综合管理合力难以形成，目前流域内无序开发、工农业生产和生活废水及垃圾污染、水土流失等问题日益突出，对流域内环境和生态的安全构成了严重威胁。长此以往，必将制约流域内经济社会科学发展、绿色发展、可持续发展。通过立法来治理和保护酉水河，促使其科学保护、适度开发、有效利用，已经刻不容缓、势在必行。

会议认为，立法保护酉水河流域，是贯彻落实党的十八大和十八届三中、四中全会精神的重大举措；是推进生态文明建设和推进依法治国战略部署的具体体现；是加强和促进武陵山区各民族团结和进步，加快实施武陵山片区区域发展与扶贫攻坚规划的应有内涵；也是巩固党的群众路线教育实践活动成果，回应人民群众对青山绿水的深切期盼。因此，酉水河流域内的各级人大及其常委会，制定好《条例》，让酉水河治理和保护、开发与利用真正有法可依，是责无旁贷、义不容辞的。

会议强调，根据《中华人民共和国立法法》等法律法规的规定，湖南省湘西土家族苗族自治州人大常务委员会（以下简称湘西州人大常委会）与湖北省恩施土家族苗族自治州人大常务委员会（以下简称恩施州人大常委会），以及贵州省松桃县人大常委会、重庆市秀山县人大常委会和酉阳县人大常委会，除将《条例》分别纳入2015年本届人大常委会立法计划外，还要积极主动向各自省市人大常委会负责立法的工作机构做好汇报，力争在2015年10月底前，将制定《条例》分别纳入2016年度省市人大常委会立法计划。

会议讨论了湘西州人大常委会和恩施州人大常委会共同起草的《条例》同步协作立法工作方案，会议认为立法工作方案，内容全面，重点突出，要求明确，操作性强，会议同意在修改完善后把方案印发给各方。

会议经过讨论，在一些具体问题上，达成了共识。

1. 关于联合成立立法工作协调领导小组。

为了做好立法工作的组织协调和领导工作，有必要联合成立立法工作协调领导小组，并同意商定的立法工作协调领导小组成员名单（见附件一）。同时要求，各方均应组建立法工作专班，并确定联系人（见附件二）。

2. 关于人大常委会主导与委托第三方立法。

坚持人大常委会主导与委托第三方立法，符合《立法法》等法律法规的规定，因此，同意聘请湖北民族学院、吉首大学法学专家组成《条例》起草组（见附件三），承担立法调研以及《条例》文本起草、修改、完善、定稿等工作，由湘西州人大常委会和恩施州人大常委会分别与湖北民族学院、吉首大学法学专家组签订委托立法合同。

3. 关于制定《条例》的时间表和路线图。

鉴于各方的人大常委会各自任期不一，为了统一立法工作进度，会议要求，各方要争取在本届人大常委会任期内完成《条例》立法工作，力争在2016年初，将《条例（草案）》提交2个自治州（即湘西州、恩施州）和3个自治县（松桃县和秀山县、酉阳县）的人大常委会会议审议和人民代表大会会议审议通过。

4. 关于考察调研工作。

夯实考察调研工作，是做好整个立法工作的基础。为了使《条例》制定具有针对性、可操作性、前瞻性，组织沿河考察，总结成功经验，发现突出问题，了解全流域的生态、环境和资源利用状况非常必要。《条例》文本起草组在文本定稿前，应到与会各县考察调研，相关县人大常委会负责组织协调。同时，《条例》文本起草组要在全国范围内跨区域流域考察，展开比较研究，以便修改完善《条例》文本。此外，各方要组织各自的人大常委会组成人员、人大代表和部门负责人等，在辖区内开展调研活动，为《条例》文本起草和审议掌握第一手资料。

5. 关于聘请专家咨询评估。

为了高标准、高质量地完成《条例》立法工作，各方人大常委会在征求当地党委政府领导班子成员、专家学者、人大代表、政协委员、部门和乡镇负责人、基层群众等社会各界人士意见的同时，还要各自聘请熟悉州情县情、熟悉法律和具有环保专业知识的专家，组成专家咨询评估委员会，对《条例》文本进行审阅、评估，并将评估意见及时反馈给《条例》文本起草组，以便进一步修改完善《条例》文本。参与各方聘请的专家咨询评估委员会成员名单，于9月底以前，报承办第二次联席会议的县人大常委会。

6. 关于立法工作经费问题。

立法工作经费，要按照现行政策规定办事，联席会议、考察调研等接待费用，由承办单位负责，住宿费由参与者自理；委托第三方起草立法工作经费共计40万元，由恩施、湘西两州人大各自承担20万元（具体事宜由两州各自决定）；专家评估组工作经费，由相关州县各自承担。

会议讨论了专家组起草的《条例》文本编撰框架及《条例》文本初稿。总体来看，《条例》文本编撰框架对《条例》制定必要性的阐述深刻透彻，对《条例》制定的指导思想和立法依据的说明提纲挈领，对《条例》框架形成过程的陈述清楚明白。《条例》文本初稿共设九章，基本涵盖了酉水河流域保护与治理、开发与利用以及法律责任等主要内容，有一定的针对性、指导性和可操作性。但是，鉴于酉水河跨省市跨流域和流经县多的特点，其上中下游的保护与治理是一个不可分割的有机整体，沿河两岸各级政府和人民群众，在酉水河保护与治理上，应该是休戚与共、责任同担、利益共享的共同体。因此，会议要求，《条例》文本起草组在后期广泛调研和听取各方面意见建议的基础上，要进一步修改完善丰富《条例》各章内容，特别是对生态补偿、跨行政区域水污染事件处理、矛盾纠纷调处等，要在《条例》中分别设专章作出相应规定。会议强调，要处理好共性与个性、统一性与差异化的关系，《条例》的总体框架和核心条款，各方应该在原则上保持统一，对于一些诸如执法机构、管理机构之类的条款，可以预留空间，让参与各方作弹性处理。

会议决定，第二次联席会议由湘西州人大常委会和恩施州人大常委会共同主办，由（　）县人大常委会具体承办，于10月（　）日至（　）日在湖南省（　）县召开，会议主要议题为讨论修改完善《条例》文本第二稿，讨论确定聘请的专家咨询评估委员会成员名单。

会议审议、通过并签署了会议纪要。会议纪要的内容，是各方充分讨论、深入研究、集思广益、达成共识的成果，是各方真实意志的表达和集体智慧的结晶。因此，会议要求，会议纪要在审议、通过并经参与各方负责人签署后，除不可抗拒因素外，各方必须共同遵守执行，同步组织实施。

时间：2015年9月7日至10日

地点：来凤县行政中心8楼会议室

酉水河流域协作立法第二次联席会议会议纪要
（草案）

2016年5月17日至19日，由湘西自治州人大常委会承办的酉水河流域协作立法第二次联席会议在湖南省永顺县召开。湘西自治州、恩施自治州人大常委会、法制委、城环委、环资委、常委会法规研究室，政府法制办公室、环保局、水利局负责人及湖南、湖北、重庆、贵州四省市的宣恩、来凤、松桃、酉阳、秀山、龙山、保靖、永顺、古丈、花垣、沅陵11县人大常委会及相关工委负责人参加会议。湘西自治州人大常委会党组书记、主任彭武长同志，恩施自治州人大常委会党组书记、常务副主任瞿赫之同志出席会议并讲话。湖南省人大法制委、常委会法工委，湖北省人大民宗侨外委、常委会法规室领导，中南民族大学专家应邀出席会议，湖南省人大法制委、湖北省人大常委会法规室领导作了讲话。恩施自治州人大常委会副主任陈学明、湘西自治州人大常委会副主任吴凌频分别主持了会议。与会代表听取了湘西自治州、恩施自治州人大常委会委托的吉首大学、湖北民族学院起草的酉水河保护条例草案及说明,实地考察了酉水河流域永顺、古丈段保护现状,并围绕完善酉水河保护条例,特别是对酉水河跨行政区域协调保护机制进行了深入沟通和讨论,在大家的共同努力下,会议完成了各项预定议程,取得了圆满成功。现将会议议定事项纪要如下。

会议认为,在酉水河流域协作立法第一次联席会议召开后,委托条例起草组经过深入调研,广泛征求意见,反复科学论证,形成了条例草案(第二次联席会议讨论稿),条例草案设定了总则、政府职责与公众参与、跨行政区域协调机制、水资源保护与水污染防治、法律责任等内容,具有较强的针对性、指导性和可操作性。

会议倡导,进一步深化对酉水河流域协作立法保护的认识,对不同行政区域的条例文本进一步处理好共性与个性、统一性与差异化的关系,本着存大同、求小异的原则,突出跨行政区域协作机制的建设。加强政府间的协作,通过签订合作协议、举行联席会议、信息共享等方式开展流域保护事务的跨行政区域的密切合作;享有民族自治地方立法权的自治县适时启动酉水河流域保护立法工作,没有立法职权的县采用人大决议决定或政府规范性文件的方式,推动酉水河全流域的保护工作。人大在保护酉水河流域中发挥引领推动作用,积极探索跨行政区域的人大立法、监督协作,推动流域经济社会全面和谐、持续发展。

会议还倡导,加强对酉水河流域保护为主题的舆论宣传和引导,增强和提高公众环保意识和参与意识,形成舆论监督的强大威力。震慑违法行为,引导公民参与监督,形成强大的社会监督氛围。

附录三 《恩施土家族苗族自治州
酉水河保护条例(草案)》

(2016 年 3 月 22 日在恩施土家族苗族自治州第七届人民
代表大会常务委员会第二十八次会议审议稿)

恩施土家族苗族自治州酉水河保护条例（草案）

第一章 总则

第一条 为了加强酉水河保护，防治河流污染，推进生态文明建设，根据《中华人民共和国环境保护法》《中华人民共和国水法》《中华人民共和国水污染防治法》等法律和有关法规的规定，结合酉水河实际，制定本条例。

第二条 酉水河干流及一级支流的保护，适用本条例。

酉水河其他支流的保护参照适用。

第三条 酉水河保护遵循政府主导、公众参与、统筹协调、保护优先、严防严治原则。

第四条 酉水河流域县级以上人民政府建立跨行政区域协调保护制度。

第二章 政府职责与公众参与

第五条 自治州人民政府组织协调酉水河保护工作，督促有关部门和下级人民政府依法履行酉水河保护职责。

酉水河流域县级人民政府依照法律、法规等规定，具体负责本行政区域内酉水河的保护工作。

酉水河流域乡镇人民政府应当协助上级人民政府及其有关职能部门做

好本辖区内酉水河保护的有关具体工作。

酉水河流域县级以上人民政府应当按照同级人大常务委员会的要求向人大常务委员会报告本行政区域内酉水河保护工作情况。

第六条　酉水河保护实行自治州、县（市）、乡（镇）各级地方人民政府行政首长负责制。

第七条　酉水河流域县级以上人民政府设立酉水河生态环境保护专项资金，将保护经费列入本级财政预算，并逐年增加；积极鼓励和引导民间资本参与酉水河保护，倡导社会捐赠。

酉水河流域县级以上人民政府在管辖范围内统筹分配酉水河保护的各类资金，财政主管部门、环境保护行政主管部门等应严格监管，确保用款单位合理有效使用。

第八条　酉水河流域县级以上人民政府有关部门应当履行下列职责。

（一）环境保护部门负责编制酉水河干流及其一级支流的水污染防治、环保设施建设等规划，提出水体限制排污总量意见，审批新建、改建、扩建进入地表水体的排污口的设置，监测、分析水功能区的水质状况等，负责对本行政区域内的水污染防治实施统一监督管理。

（二）水利水产部门按照规定的权限，编制与调整酉水河干流及其一级支流的区域综合规划、河道岸线管理规划、水资源保护规划、水功能区划和水能资源开发规划，防洪规划、河道采沙规划、水土保持规划等，负责本行政区域内酉水河水资源的统一管理和监督工作。

（三）城乡规划部门依法做好城乡规划，负责城乡垃圾处理，城镇污水集中处理设施及配套管网规划、建设和运营管理。

（四）农业部门依法管理农药、化肥等农业投入品的使用，指导畜禽、水产养殖的水污染防治，推广测土配方施肥，发展生态农业，防治农业面源污染。

（五）卫生计生部门负责饮用水安全卫生的监督管理，监督医疗机构废水无害化处理，参与饮用水水源保护区的划定和饮用水水源污染突发事故的预防及应急处置。

（六）国土资源部门负责勘探、采矿、开采地下水等过程中的水污染防治监督管理。

（七）交通运输部门对船舶污染水域的防治实施监督管理。

（八）林业部门负责湿地、水源涵养林、防护林的建设管理以及生态修复。

（九）其他有关部门根据各自职责对酉水河保护实施监督、管理。

第九条　酉水河流域县级以上人民政府应当建立酉水河保护部门联席会议制度，加强对酉水河保护的部门联合执法。

第十条　酉水河流域的村（居）民委员会应当积极引导村（居）民合理利用酉水河水资源，保护和改善酉水河生态环境。

酉水河流域县级以上人民政府水行政主管部门、环境保护行政主管部门可以在涉及酉水河保护的事项范围内委托酉水河流域村民委员会或者居民委员会实施警告以及五十元以下罚款等行政处罚。

第十一条　酉水河保护实行环境目标责任制和考核评价机制。酉水河保护工作情况应纳入乡镇以上人民政府、相关职能部门及其主要负责人年度考核、环境保护和监督管理目标考核评价体系，考核情况应当及时以通知或决定等方式通过政府网站向社会公布。

第十二条　酉水河流域县级以上人民政府及相关职能部门应当建立与酉水河保护相关的信息公开制度，依法公开水功能区、饮用水源划定、环境质量、重点污染源环境监测、排污口设置、涉水项目、环境保护责任区域、责任人、举报方式等信息。

第十三条　负有保护职责的各级人民政府和有关职能部门应当定期开展酉水河保护相关法律法规的宣传和普及工作，鼓励基层群众性自治组织、社会组织、环境保护志愿者开展酉水河环境保护法律法规和环境保护知识的宣传，营造保护生态环境的良好风气。

第十四条　酉水河保护中的重大决策事项、重大环保执法活动、重大水污染案件调查，应当采取听证会、论证会、座谈会、协商会、网上公示、邀请公众全程参与等多种方式征集民意，听取社会公众和专家意见。

第十五条　酉水河流域县级以上人民政府应制定公众参与奖励办法。

对举报属实的，依法给予奖励。

对保护和改善水环境有显著成绩的单位和个人，依法给予奖励。

第三章　跨行政区域协调保护机制

第十六条　酉水河流域县级以上人民政府建立跨行政区域联席会议制度，协调解决跨行政区域的酉水河保护重大事项。

酉水河流域县级以上人民政府与相关同级人民政府协商决定召开会

议，并共同执行联席会议作出的有关决定。

第十七条　酉水河流域县级以上人民政府应当联合制定酉水河流域规划。

酉水河流域县级以上人民政府相关职能部门在编制辖区酉水河区域规划和专项规划的过程中，应当相互征求意见，避免规划冲突，并报上一级人民政府批准。

第十八条　酉水河流域县级以上人民政府之间建立突发环境事件等重大事项通报制度，重大事项发生地应当及时向有关人民政府通报相关信息。

酉水河流域县级以上人民政府之间建立水质、重点污染物等监测数据共享制度，加强联防联控。

第十九条　酉水河流域县级以上人民政府之间建立联合执法制度，制定联合执法事项目录、定期共同开展行政执法，并依据各自法定职责，分别作出行政处罚、行政强制等行政处理决定。

第二十条　酉水河流域县级以上人民政府建立跨行政区域水污染纠纷应急处置机制，发生跨行政区域水污染事件时，事件发生地县级环境保护行政主管部门应当报请本级人民政府启动应急预案。

跨行政区域的水污染纠纷，由有关人民政府环境保护行政主管部门协商解决；协商不成的，可以报告本级人民政府启动跨行政区域联席会议解决。

第四章　水资源保护

第二十一条　酉水河流域县级以上人民政府环境保护、水行政、住房与城乡建设、交通、公安等行政主管部门应当按照各自职责建立健全巡查制度。

对饮用水水源保护区内已经设置的排污口（渠）、饮用水源一级保护区内已建成的与供水设施和保护水源无关的建设项目及饮用水水源二级保护区内新建、改建、扩建的排放污染物的建设项目，由酉水河流域县级以上人民政府责令限期拆除或者关闭。

禁止在穿越饮用水水源保护区的道路上通行装载剧毒化学品的车辆；运输其他危险品的车辆通行需配备防撞、防泄漏设施设备，并指定专人保障危险品运输安全。发生事故或者其他突发性事件造成或者可能造成饮用水水源污染的，应当采取措施避免或减轻污染，并立即向当地有关行政主管部门报告，不得迟报、谎报、瞒报、漏报。

酉水河流域县级以上人民政府应当组织编制饮用水水源污染事故应急预案，配备相应的应急救援物资、确定饮用水备用水源，保障应急状态下的饮用水供应。

第二十二条 酉水河流域县级以上人民政府渔业行政主管部门应确定禁渔区、禁渔期，禁止网箱养鱼、投肥养鱼，并以通知或决定等方式通过政府网站和电视等传媒向社会公布，且在禁渔区设立明确的地理界标和明显的警示标志。

第二十三条 对酉水河可能造成污染的建设项目，酉水河流域县级以上人民政府项目审批部门应不予审批；对已经造成污染的建设项目，酉水河流域县级以上人民政府环境保护行政主管部门应当依法处理。

酉水河流域县级以上人民政府在作出河流最小生态下泄流量决定或者批准涉及减少河水流量、影响水流流态和可能影响河流交接断面水质的建设项目前，应当征询相邻同级人民政府意见。有异议的，协商解决。

酉水河流域县级以上水行政主管部门应当定期监测水电站的下泄流量。

已建成的水电工程项目不符合最小生态下泄流量要求，造成季节性断流的，应责令限期整改。整改后仍不符合最低要求的，责令停产。

第二十四条 自治州人民政府水行政主管部门应根据河道岸线管理规划划分岸线保护区、岸线保留区、岸线控制利用区和岸线开发利用区四类岸线功能区，并向社会公布。

在岸线保护区内，禁止一切新建项目的开发行为。在岸线保留区内，在规划期内禁止一切新建项目的开发行为。在岸线控制利用区内限制开发，只能从事公益性开发项目。在岸线开发利用区可以从事商业性开发项目，但应严格遵循规划先行、合理有序的原则。

第五章 水污染防治

第二十五条 酉水河流域县级以上人民政府应当制定水质监管方案，保障地表水、地下水符合相应的水功能区水质标准。

酉水河流域县级以上人民政府环境保护行政主管部门应建立健全水质监测网络，按照国家规定的技术标准和规范，重点监测酉水河流域行政区交界断面、河道控制断面、重要水功能区和重要排污口（渠）的水质、水污染状况，并定期公布监测结果。

跨行政区域河流交界断面相邻人民政府环境保护行政主管部门一方或者双方对行政区交界断面水质监测结果有异议的，应于知道或者应当知道监测结果之日起二日内向对方提出异议，收到异议的一方应当自收到异议之日起五日内予以协商处理。

第二十六条 酉水河流域县级以上人民政府应当安排资金，积极扶持和指导本辖区酉水河干流、一级支流沿岸乡镇、村庄、居民集中区建设生活废弃物分类收集、集中转运、无害化处理设施。

鼓励、支持公民、法人和其他组织投资经营集中污染物、废弃物处理设施。

第二十七条 酉水河流域县级以上人民政府及其农业等有关行政主管部门和机构应当指导流域内的农业生产者科学种植和养殖，建立健全农业投入品的安全使用机制，农业废弃物回收处理机制，防止农业面源污染。

高毒农药实行定点经营、购进备案和实名购买制度。

酉水河流域县级以上人民政府的农业、环境保护以及供销等行政主管部门和单位应建立健全农药、化肥等农业投入品包装物回收制度，推行经营单位回收、专业机构运输、资质单位处置、财政补助支持、部门监督协调的农业投入品废弃物处置模式。

第二十八条 酉水河流域县级以上人民政府根据水环境功能区划和区域环境承载能力，依法划定畜禽养殖和水产养殖的禁养区和限养区，并向社会公布。

未划定为禁养区和限养区的，不得审批畜禽水产养殖建设项目。

第二十九条 酉水河流域县级人民政府应组织有关单位对本辖区内河流漂浮物、有害藻类等进行打捞清理，并进行无害化处理。

第三十条 酉水河通航水域航行的船舶应具备配备污水、废油、垃圾等污染物、废弃物收集设施，禁止向水体排放、弃置船舶污染物和废弃物。

第三十一条 酉水河流域县级以上环境保护行政主管部门应当划定水电工程影响区域范围，水电开发企业负责水电工程影响区域内的生态环境保护和治理。

除国家级审批项目外，酉水河不得新建水电工程。

第三十二条　未经水行政主管部门批准，不得在酉水河河道管理范围内从事采砂、采矿、采石、取土、开采地下资源或者进行考古发掘等行为；经批准在酉水河从事矿产资源开发的建设项目应当落实相应的生态环境保护措施，避免和减少对生态环境的破坏；已经造成破坏的，应当责令停止开采并限期恢复。

第三十三条　禁止向水体排放、倾倒工业废渣、城镇垃圾和其他废弃物。

禁止私设暗管或者采取其他规避监管的方式向水体直接排放污染物。

第六章　法律责任

第三十四条　酉水河流域乡镇以上人民政府、有关部门及其工作人员不履行条例规定的职责，玩忽职守、滥用职权、徇私舞弊的，由相关部门分别根据管理权限对直接负责的主管人员和其他直接责任人员问责、处理；构成犯罪的，依法追究刑事责任。

第三十五条　违反本条例第二十一条第三款规定，由县级以上公安部门处罚并责令改正。在穿越饮用水水源保护区的道路上通行装载剧毒化学品的车辆的，处二万元以上五万元以下的罚款；运输其他危险品的车辆通行没有配备防撞、防泄漏设施设备的，处一万元以上三万元以下的罚款；没有指定专人保障危险品运输安全的，处五千元以上二万元以下的罚款。

第三十六条　违反本条例第二十二条规定，在禁渔区、禁渔期捕捞的，由县级以上渔业行政主管部门没收渔获物及违法所得，并处一万元以上五万元以下罚款。

第三十七条　违反本条例第三十条规定，对船舶未配备污水、废油等污染物收集设施的，由交通管理机构、渔业主管部门按照职责分工责令船舶停航或责令停止违法行为，处以五千元以上二万元以下的罚款。

第三十八条　违反本条例第三十二条规定，违法采砂、采矿、采石、取土的，由县级以上水行政主管部门责令停止违法行为，没收违法所得，并处五千元以下罚款。

未经批准在河道管理范围内，开采地下资源或者进行考古发掘的，由县级以上水行政主管部门没收违法所得，并处一万元以上十万元以下罚款。

第三十九条　违反本条例第三十三条规定，向水体排放、倾倒工业废渣、城镇垃圾和其他废弃物的，由县级以上环境保护行政主管部门责令停止违法行为，消除污染，处二万元以上二十万元以下的罚款。

私设暗管或者采取其他规避监管的方式排放水污染物的，由县级以上环境保护主管部门责令限期拆除，处十万元罚款；逾期不拆除的，依法强制拆除，所需费用由违法者承担，处三十万元以上五十万元以下罚款，提请县级以上人民政府责令停产整顿。

排污者受到罚款处罚，被责令改正拒不改正的，依法作出罚款处罚决定的环境保护行政主管部门可以实施按日连续处罚。

第四十条　本条例未规定处罚的其他违法行为，法律法规有规定的，从其规定。构成犯罪的，依法追究刑事责任。

第七章　附则

第四十一条　本条例自＿＿＿年＿＿＿月＿＿＿日起施行。

第四十二条　恩施土家族苗族自治州人民政府依据本条例制定实施细则。